W0171822

DIE 10 TODSÜNDEN DER SCHULPOLITIK

Heinz-Peter
Meidinger

DIE 10
TODSÜNDEN
DER   Eine Streitschrift
SCHULPOLITIK

 claudius

INHALT

SCHULPOLITIK IN DER KRISE

Die Coronakrise stellt nicht nur Staat und Gesellschaft, sondern auch unser Bildungssystem vor eine riesige Herausforderung. Bisherige Debatten und Auseinandersetzungen in der Schulpolitik sind weitgehend in den Hintergrund getreten. Die Pandemie und die monatelangen Schulschließungen haben nicht nur Defizite und Versäumnisse auf-, sondern auch viele Schwachstellen und ungelöste Probleme zugedeckt.

Selten wurde uns das Versagen der Politik so drastisch vor Augen geführt wie in der Ausnahmesituation der Corona-Pandemie. Als von heute auf morgen die Schulen im März 2020 geschlossen wurden, gab es zunächst einmal ein böses Erwachen. Auf einen Schlag rächten sich die Versäumnisse der Vergangenheit: der ewig verschleppte Digitalpakt Schule, von dessen bereitgestellten 5 Milliarden Euro bis dahin nicht einmal 5 Prozent der Mittel von den Ländern und Kommunen abgerufen worden waren, das Fehlen funktionierender Lernplattformen, der grundlegende Sanierungsstau an deutschen Schulen, den die Kreditanstalt für Wiederaufbau (KfW) auf knapp 45 Milliarden Euro schätzt, die mangelnden Fortbildungsangebote für Lehrkräfte und nicht zuletzt der große Lehrermangel, der etwa verhindert, dass Schulen ausfallende Risikopersonen unter Lehrkräften angemessen ersetzen konnten.

Umgekehrt hat die Schulpolitik von dem Naturereignis der Pandemie auch vordergründig profitiert, weil nämlich andere Missstände und Probleme – zumindest vorübergehend – in den Hintergrund gerückt sind, etwa die Riesenaufgabe der Integration von Kindern mit Migrationskontext, das Problem der mangelnden Vergleichbarkeit der Abschlüsse und das Auseinanderklaffen der Schulleistungen und Lernerfolge unter den Bundesländern. Zwischen dem Durchschnitt der Ergebnisse von Schülerinnen und Schülern aus Bayern und Sachsen auf der einen Seite sowie Berlin und Bremen auf der anderen Seite liegen je nach Aufgabenfeld bis zu zwei Lernjahre, bei 15-Jährigen wohlgemerkt.

Es sollte doch eigentlich eine der schönsten und begehrtesten Aufgaben der Politik sein, für die Bildung von Kindern und Jugendlichen, für deren Zukunftschancen Verantwortung zu tragen und Konzepte entwickeln zu dürfen. Aber die Bildungspolitik gilt nicht nur unter den Nachwuchskräften in den Parteien als unsexy und nicht mehr als ein attraktives Betätigungsfeld. Ungeachtet aller Beteuerungen, wie wichtig Bildung in diesem Lande ist – die Stellung der Schulminister in den Kabinetten ist fast durchgängig eher schwach, vielfach wurde das Schulressort von der größten Regierungsfraktion ohne größeren Widerstand den kleineren Partnern überlassen, so gerade in den bevölkerungsreichsten Bundesländern, in Bayern, in Baden-Württemberg und in Nordrhein-Westfalen. Und wenn einmal Dampf im Kessel ist und Entscheidungen im Schulbereich getroffen werden müssen, dann reißt meist der Ministerpräsident, die Ministerpräsidentin im Rahmen der Richtlinienkompetenz die Entscheidungsbefugnis an sich und die Schulminister sitzen bedröppelt daneben.

Und man kann es karrierebewussten Jung-politikern auch gar nicht verdenken, dass sie das Feld der Bildungspolitik weiträumig umkurven. Wohl kaum ein Ministeramt hält so viele und so große Herausforderungen, aber auch eine so große Gefahr potenzieller Skandale bereit wie das Schulressort. Mir vertraute einmal eine er-fahrene Bildungsministerin an: „Auch wenn ich genau wüsste, wo überall Tretminen versteckt sind, ich werde niemals verhindern können, von Zeit zu Zeit auf eine zu treten. Man hofft halt immer, dass sie nicht tödlich ist und sich die Ver-letzungen in Grenzen halten."

In der Bildungspolitik kommt alles, was po-litisches Handeln schwierig macht, zusammen: Hohe Komplexität, riesiger Finanzbedarf, ein beträchtlicher Grad an Polarisierung und Emo-tionalität sowie ein Thema und Regelungs-bereich, von dem fast alle betroffen sind oder waren.

Auf folgende Bedingungen muss man sich als Akteur in diesem Politikfeld einstellen:

1. In Schulfragen glaubt fast jeder, mitreden zu können und zu müssen, auch wenn sich die eigene Expertise lediglich auf die persönliche, oft weit zurückliegende Schulzeit stützen kann. Ähnlich wie beim Fußball, wo es der Bundestrainer mit einer ganzen Nation von Besserwissern zu tun hat, hat auch zu Schulfragen fast jeder seine Meinung und vermeintliche Expertise. Gleichzeitig sind – noch eine Parallele zum Fußball – ständig jede Menge an Emotionen im Spiel. Jederzeit können alte Wunden, Demütigungen und Misserfolge der eigenen Schulzeit wieder aufbrechen, jederzeit kann die Fürsorge für das eigene Kind in harte Kritik und Aggression umschlagen. Bildungspolitik polarisiert, inhaltlich und emotional.

Es ist unabdingbar, dass Schulpolitik demokratisch legitimiert ist und sich der öffentlichen Diskussion stellt. Mitreden, mitgestalten, politische Teilhabe – das gehört zum Wesenskern der Demokratie. Problematisch wird es, weil es so viele Mitspieler in der Schulpolitik gibt, deren Einfluss beträchtlich, aber eher verdeckt und unsichtbar erfolgt. Gemeint sind mächtige Lobbygruppen und Interessenverbände etwa aus der Wirtschaft, natürlich die Eltern- und Lehrerverbände – aber auch manche Bildungsstiftung verfolgt ihre eigene Agenda.

2. Ein Bildungssystem ist ein hochkomplexes Gebilde, alles hängt mit allem zusammen, sowohl innerhalb des Schulsystems eines Landes als auch mit der Schulpolitik anderer Bundesländer. Darüber hinaus hat jeder Eingriff in die Schulstruktur, in die Gestaltung der Abschlüsse und in die Schulorganisation sofort wieder direkte und indirekte Auswirkungen auf andere Bereiche, etwa die Abnehmer von Schulabsolventen, das Beschäftigungssystem, die Wirtschaft oder etwa die Kommunen als Schulträger. Dafür nur ein Beispiel: Als vor rund 20 Jahren immer mehr Bundesländer die gymnasiale Schulzeit um ein Jahr verkürzten, waren weder den Ministerpräsidenten noch den Schulpolitikern die Tragweite und die Folgewirkungen

dieser Entscheidung bewusst. Ach, da gibt es doch so viel Leerlauf, da macht dieses eine Jahr kaum etwas aus, hörte ich oft. Oder man war der Auffassung, weil das G8 in den neuen Bundesländern zum Teil gut klappte, würde es auch in den alten funktionieren. Ein Musterbeispiel dafür, dass gerade im Schulbereich eine scheinbar einfache Übertragung von Strukturmodellen von A nach B scheitert, wenn man die unterschiedlichen Rahmenbedingungen nicht beachtet. Überrascht stellten die Landesregierungen daraufhin fest, was sie sich an Folgeproblemen eingehandelt hatten: Mittagskantinen wegen des verstärkten Nachmittagsunterrichts mussten gebaut werden, den Sportvereinen, den Kirchen und Jugendchören brach der Nachwuchs weg, duale Ausbildungswege dünnten aus, weil nun das Abitur schneller erreichbar war als die Gesellenprüfung, die Lehrpläne mussten auf Druck von Elternverbänden mehrfach überarbeitet, die Stundentafeln weiter reduziert werden, ohne dass die Akzeptanz für die überstürzt eingeführte Schulzeitverkürzung nennenswert stieg. Ein Musterbeispiel für eine Reform, die deshalb vielerorts scheiterte, weil der Blick für das Ganze fehlte.

3. Erfolgreiche Schulpolitik braucht einen langen Atem und gute langfristige Konzepte. Damit passt sie in keiner Weise zu einem Regierungshandeln und in ein parlamentarisches Umfeld, deren politischer Zeit- und Planungshorizont in der Regel auf vier Jahre begrenzt ist. Auch gute Reformkonzepte zeigen ihre Wirkung erst über einen längeren Zeitraum. Das steht quer zu den Erwartungen einer Öffentlichkeit, die Erfolge am besten sofort oder schon nach ganz kurzer Zeit sehen will. Dieser hohe Erwartungsdruck verführt zu kurzatmigem Aktionismus und einer Alibipolitik, die zwar hohe Medienresonanz beschert, aber zur Verbesserung von Bildungschancen nichts beiträgt. Wenn Bildungspolitik diesem Erwartungsdruck in der Weise nachgibt, dass sie Versprechungen abgibt, die – jedenfalls auf absehbare Zeit – nicht oder nur teilweise erfüllt werden kön-

nen, trägt sie ihren Teil zu einer zunehmenden Politikverdrossenheit bei. In manchen Parteizentralen herrscht die Auffassung, mit Bildungspolitik könne man keine Wahlen gewinnen, aber sehr wohl welche verlieren. Grund dafür sind Enttäuschung und Ärger weiter Teile der Bevölkerung über eine verfehlte Bildungspolitik und gebrochene Wahlversprechen!

4. Eingriffe, Steuerungsmaßnahmen und Reformen zeigen im Bildungswesen ihre positiven oder auch negativen Auswirkungen erst in Jahren bzw. nicht selten erst nach Jahrzehnten. Nehmen wir Reformen in der Lehrerbildung. Zunächst dauert es Jahre, bis die entsprechenden Reformkonzepte an den Universitäten in den Studienordnungen und dem Lehrangebot umgesetzt sind, dann aber nochmals viele Jahre, bis die ersten Lehramtsabsolventen die neue Studienordnung durchlaufen haben, und sodann mehrere Jahrzehnte, bis eine Mehrheit der Lehrkräfte an Schulen entsprechend dieser Reform aus-

gebildet worden ist, sodass sich die erhofften positiven Effekte auch in der Praxis an den Schulen zeigen können. Fatal, wenn sich dann die einstige Reform als Flop erweist. Kollateralschäden von Bildungsreformen zeigen sich oft sehr spät und sind dann irreversibel. Ein starkes Argument dafür, gerade auf dem Feld der Schulpolitik bei Entscheidungen äußerst bedächtig, sensibel und vor allem auf der Grundlage gesicherter wissenschaftlicher Erkenntnisse vorzugehen.

Warum sind unsere Schulen bei Weitem nicht so optimal aufgestellt, wie man das von einer so selbstbewussten und wohlhabenden Kulturnation wie Deutschland erwarten würde und müsste? Dies hat Gründe und Ursachen, die nicht neu sind, aber leider auch nicht der Vergangenheit angehören. Wir haben es dabei mit tiefer liegenden Strukturmängeln, dauerhaften Versäumnissen, gescheiterten Reformen und groben Fehlsteuerungen der deutschen Bildungspolitik der letzten fünfzig Jahre zu tun.

Es ist nicht das Ziel dieses Buches, den deutschen Schulen und dem deutschen Bildungswesen insgesamt ein miserables Zeugnis auszustellen. Nein – aus vielfältiger eigener Anschauung, meiner langjährigen Erfahrung als Schulleiter und auch aus Kenntnis der Schwächen ausländischer Bildungssysteme bin ich der festen Überzeugung, dass die deutschen Schulen besser sind als ihr Ruf. An deutschen Schulen wird tagtäglich tausendfach gute pädagogische Arbeit geleistet! Das liegt allerdings mehr am Engagement der Lehrkräfte, Schulleitungen, Eltern und Schüler vor Ort und weniger an einer kongenialen Bildungspolitik. Von der Auffassung, unser Schulsystem sei verrottet und unreformierbar, oder gar vom Aufruf zur totalen Bildungsrevolution à la Richard David Precht halte ich wenig. Wer Dinge verändern will, tut sich keinen Gefallen, wenn er erst einmal alles schlecht redet und ein undifferenziertes Katastrophenszenario beschwört.

Es wäre auch unredlich, die Schuld an fehlenden Problemlösungen einzig und allein der Politik zuzuschieben. Es gibt auch problematische Erwartungshaltungen in der Gesellschaft, denen Politik entsprechen will, anstatt diesen entgegenzutreten, und viel zu oft springen die verschiedenen Interessengruppen, auch die Lehrerverbände, über jedes Stöckchen, das hingehalten wird. Nicht jede Bildungsstudie muss kommentiert, nicht an jeder bildungspolitischen Pseudodebatte muss man sich beteiligen. Es geht eben nicht darum, mit dem Finger nur auf den anderen zu zeigen, sondern es bedarf gemeinsamer Kraftanstrengungen, um Schule in Deutschland besser zu machen.

Unsere Schulen, unser Bildungssystem könnten viel besser dastehen. Wir verkaufen uns in Deutschland unter Wert.

Und das hat auch damit zu tun, dass die meisten schulpolitischen Debatten und Auseinandersetzungen den eigentlichen Kern, das wesentliche Ziel von Schule verfehlen. Nämlich, wie wir es schaffen, dass am Ende ihrer Schulzeit selbst- und verantwortungsbewusste mündige junge Menschen unsere Bildungsinstitutionen verlassen. Schülerinnen und Schüler, die mit dem, was sie sich in der Schule an Wissen, Kompetenzen und Werthaltungen angeeignet haben, in der

Lage sind, ihr eigenes Leben in die Hand zu nehmen, sich selbst zu verwirklichen, aber auch Verantwortung in dieser Gesellschaft zu übernehmen und einen Beitrag für eine menschlichere Welt und den Schutz unserer Lebensgrundlagen zu leisten.

Um eine Bestandsaufnahme, was alles schief läuft beim Thema Bildung, wird man aber nicht herumkommen. Es geht nicht darum, „Sünder" zu identifizieren, also etwa Landesregierungen, Parteien, Bildungspolitiker und oft selbst ernannte Bildungsexperten. Stattdessen müssen wir die schulpolitischen Sündenfälle und die dahinter stehenden Intentionen und Ziele in den Blick nehmen. Das ist die Grundvoraussetzung für eine Läuterung und bessere Schulpolitik.

Ja, es handelt sich meiner Ansicht nach um Sünden – ja, ich meine, man könnte sogar von Todsünden sprechen. Klar, das ist eine der Theologie entlehnte Metapher. Aber es spricht einiges dafür, dass ein Rekurs auf die theologische Herkunft des Begriffs durchaus fruchtbar für unser Thema sein kann, wie man gleich sehen wird.

Als niederbayerischer Katholik sei mir der

Versuch gestattet, die Begrifflichkeit „Todsünden in der Bildungspolitik" mit einem kleinen theologischen Exkurs zu rechtfertigen.

Der Begriff der Todsünde stammt aus der Bibel beziehungsweise dem katholischen Katechismus. Sündigt jemand immer wieder schwer, kann ihn das sein Seelenheil kosten – das ewige Leben. Im Galaterbrief 5,19–21 heißt es dazu: „Die, die solche Dinge treiben, werden Gottes Königreich nicht erben!" Zu „solchen Dingen" zählen: Hochmut, Habgier, Wollust, Zorn und Rachsucht, Völlerei und Trunksucht, Neid sowie Trägheit und Faulheit. Von Sünden können Gläubige in der Regel durch den Opfertod Christi und tätige Reue erlöst werden. Bei Todsünden allerdings ist das schwierig, weil damit theologisch nicht einzelne Verfehlungen gemeint sind, sondern Haltungen, die zur Gewohnheit geworden sind. Wir reden von Sünden, die nicht vergeben werden! Es liegt deshalb die Annahme nahe, dass „Todsünder" ihre Einstellung und ihr Verhalten nur schwerlich oder niemals ändern. Todsünden sind also keine einzelnen Fehlhandlungen, sondern die tieferen Ursachen oder kurz: der Urgrund zahlreicher weiterer Fehlhandlungen. Das gilt es an dieser Stelle einmal festzuhalten.

Folgende Bedingungen müssen gegeben sein, damit man von einer Todsünde sprechen kann:

- Es muss sich um eine schwerwiegende Materie handeln.

- Die sündhafte Tat muss bewusst und aus freiem Willen begangen worden sein.

Inwiefern ist also nun der Begriff der Todsünde auf die Bildungspolitik übertragbar? Vielleicht hilft es, zunächst darauf hinzuweisen, was nicht vergleichbar ist:

Es ist vermutlich nicht das Seelenheil der verantwortlichen Minister und Parteipolitiker gefährdet, auch wenn ich mir manchmal insgeheim wünsche, dass der eine oder andere für so manchen bildungspolitischen Sündenfall etwas länger im Fegefeuer schmoren möge.

Es geht in der Bildungspolitik auch nicht um die Todsünden Habgier, Wollust und Rachsucht – bei Hochmut und Arroganz sowie Untätigkeit und Faulheit würden mir schon eher ein paar Negativbeispiele einfallen.

Jenseits dieser offensichtlichen Unterschiede existieren aber doch Anhaltspunkte dafür, dass der Begriff der Todsünde auf die Bildungspolitik durchaus anwendbar ist.

Es gibt seit vielen Jahrzehnten in der Bildungspolitik in Deutschland wiederkehrende Sündenfälle, die unserem eigentlichen großen Ziel, unseren Kindern die bestmögliche Bildung zukommen zu lassen und Schulen und Lehrkräfte bei dieser Aufgabe massiv zu unterstützen, unendlichen Schaden zugefügt haben. Es sind deshalb Todsünden, weil sie in Summe und letzter Konsequenz zum Tod der Bildung führen und damit die Zukunftschancen der Schüler und den Bildungsauftrag der Schule in höchstem Maße gefährden. Auch andere Voraussetzungen für das Vorliegen von Todsünden scheinen erfüllt: Es handelt sich bei der Bildung, der Förderung des Rohstoffes Geist, zweifellos um eine „schwerwiegende Materie", und nicht selten agieren die Akteure und Verantwortlichen dabei mit voller Absicht und bei klarem Bewusstsein.

Als Todsünden der Bildungspolitik bezeichne ich also im Folgenden Konzepte, Reformen, politische Haltungen und Ideologien sowie wiederkehrende Verhaltensmuster, aber auch permanente Untätigkeit sowie bewusste Versäumnisse, die der Bildungsqualität in unserem Land schaden und die Lebens- und Zukunftschancen unserer Kinder und Jugendlichen massiv gefährden.

Und dennoch: Ziel der folgenden Aufzählung von schweren Verfehlungen in der Bildungspolitik ist nicht die „ewige Verdammnis" der Akteure, sondern Einsicht und ein verändertes Verhalten bei allen Beteiligten.

In welchem Ausmaß die Bildungspolitik im jeweiligen Bundesland von diesen diversen Sündenfällen betroffen ist, überlasse ich jeweils dem eigenen Urteil. Die gewählten Beispiele verteilen sich auf verschiedene Länder und unterschiedliche parteipolitische Strömungen. Aber eines wage ich jetzt schon festzustellen: Bei allen zugegebenermaßen großen Differenzen zwischen den Bundesländern – es gibt zweifellos große und kleinere Sünder, leider aber keinen einzigen Heiligen.

Man spricht übrigens meist von den sieben sogenannten Todsünden. Diese Zahl ist aber in der Bibel nirgends explizit festgelegt.

Zugegeben, die Zahl 10 in diesem Buch ist willkürlich gewählt, man hätte locker auch 15 oder 20 nennen können, für Fortsetzungen wäre also genügend Stoff vorhanden. Keine der nachfolgend aufgeführten „Todsünden" ist isoliert zu sehen. Sie hängen in vielerlei Hinsicht voneinander ab und miteinander zusammen.

TODSÜNDE NR. 1:

Überforderung von Schule durch
politische Vorgaben und gesellschaftliche
Erwartungshaltungen –
Schule als Reparaturbetrieb der
Gesellschaft

Das ist der Ausgangspunkt für eine vielfach
wachsende Unzufriedenheit mit unseren Bildungsinstitutionen. Die Folge einer immer größer werdenden Differenz zwischen den Versprechungen der Politik, den dadurch anwachsenden
Erwartungshaltungen der Menschen und der in
der Praxis fehlenden Einlösung dieser Ankündi-
gungen ist Enttäuschung und Frust.

Wir erleben in Deutschland eine umfassende, leider immer noch weiter fortschreitende
permanente Überlastung unserer Schulen mit
immer neuen Aufgaben, Erwartungen, Vorgaben und gesellschaftlichen Ansprüchen, ausge-
hend von einem Machbarkeitswahn, als könne

Schule alles regeln. Ich kenne kaum ein Land in der Welt, in dem Schulen, und damit Lehrkräfte, mit so vielfältigen gesellschaftlichen und politischen Erwartungen konfrontiert werden wie in Deutschland. Neben den eigentlichen, ursprünglichen Kernaufgaben Unterricht, Wissens-, Kompetenz- und Wertevermittlung soll Schule unter anderem

- Erziehungsdefizite beheben

- individuelle Förderung umsetzen

- gesellschaftliche Unterschiede ausgleichen

- Inklusion verwirklichen

- Integration vorantreiben

- Medienerziehung betreiben

- Schüler auf die Digitalisierung vorbereiten

- Berufs- und Studienorientierung geben

- Antisemitismus, Extremismus und Hass bekämpfen

- die Demokratie stärken

Die Aufzählung könnte noch lange fortgesetzt werden. Gegen die Ziele an sich lässt sich inhaltlich nicht viel sagen; die Frage ist nur, ob und in welcher Weise eine so mit Zielvorgaben überfrachtete Schule diesen auch nur ansatzweise noch gerecht werden kann.

Schule ist in Deutschland mehr als irgendwo anders in der Welt zum Reparaturbetrieb der Gesellschaft erklärt worden. Ein Symptom dafür ist die Forderung nach immer neuen Fächern aus dem Kreis von Interessensverbänden und politischen Parteien. Nach meiner Zählung waren es über 40 in den letzten 20 Jahren, darunter Gesundheit, Ernährungserziehung, Digitalkunde, Benehmen, Glück, Alltagskompetenz, Verbraucherkunde, Klimaschutz und Rauschkunde. Man wird das Gefühl nicht los, dass die Politik alle die ungelösten Probleme an die Schulen delegiert, an denen sie selbst gescheitert ist. Das Fatale ist nur: Bei solcher Überforderung kann auch Schule selbst nur scheitern! Kein Jahr, in dem nicht in den Medien das Versagen des Bildungssystems thematisiert wird, sei es bei der Integration, der Inklusion, der Bildungsgerechtigkeit, der Demokratieerziehung, manchmal auch im Kernbereich der Schulleistungen.

Dieser Allmachtswahn, der Bildungspolitik oftmals prägt, findet mitunter eine interessante Entsprechung bei genau der Wissenschaft, die explizit Erziehung und Bildung zum Gegenstand ihrer Forschung und Theorien gemacht hat – bei der Pädagogik. Geradezu ein Wesensmerkmal für die Geschichte der Pädagogik ist der Widerspruch zwischen den eigenen Ansprüchen, den formulierten Erwartungen auf der einen Seite sowie den immer wieder ernüchternden Ergebnissen der praktischen Umsetzung und der enttäuschenden Realität auf der anderen Seite. Nichts gegen die Entwicklung neuer Lernkonzepte, aber es wirkt schon fast rührend, wie stark der Glauben bei so manchem Reformpädagogen noch ist, durch das richtige pädagogische Konzept wenn nicht einen neuen Menschen erschaffen, dann zumindest eine neue Lernwelt mitgestalten zu können, in der das Lernen allen Schülern zu jedem Zeitpunkt grenzenlosen Spaß macht. Optimismus ist für die Arbeit von Lehrkräften hilfreich, das Nicht-zur-Kenntnisnehmen der Realität aber gefährlich, weil es auch da – wie in der Politik – zu Enttäuschungen und Frustrationen führt. Eine empirisch ausgerichtete Erziehungswissenschaft kann allerdings helfen, wieder ein Stück auf den Boden der Tatsachen zurückzukommen. In einer umfangreichen relevanten Studie über die begrenzte Veränderbarkeit und Steuerbarkeit von Lernmotivation aufgrund der starken genetischen Prägung heißt es: „Schüler sind mit individuellen Begabungen ausgestattet, und es wird nicht möglich sein, sie durch Fördermaßnahmen auf breiter Basis zu gleichen Leistungen zu befähigen." Diese Erkenntnis soll nicht dazu dienen, erzieherische Anstrengungen auf Seiten von Lehrkräften und Eltern zu reduzieren, sie kann aber helfen, die eigenen Möglichkeiten realistisch einzuschätzen.

Heute hat die Hirnforschung die Pädagogik als Wissenschaft für erzieherische Allmachtsphantasien abgelöst. Obwohl die für die Pädagogik hilfreichen Erkenntnisse der Hirnforschung relativ banal sind, etwa dass Lernen vor allem dann gut funktioniert, wenn es mit Freude und aktiver Beteiligung erfolgt und genügend große

Zeitfenster dafür bereitstehen, sind auch viele Lehrkräfte davon angetan. Ja, die Vorstellung, man müsse nur die richtigen Knöpfe drücken und die entsprechenden Gehirnprozesse auslösen, hat etwas Faszinierendes. Die Realität sieht leider anders aus.

Dabei ist die Lehrkraft genau das Medium, die Schnittstelle, an der Erwartungshaltung der Gesellschaft und unzureichende Erfüllung dieser Forderung aufeinanderprallen. Deshalb ist die direkte Folge der Todsünde „Überforderung der Schule" ein unerträglich hoher Erwartungsdruck auf die Lehrerinnen und Lehrer, die ja schließlich am Ende die sind, die diese Versprechungen erfüllen sollen.

Kaum irgendwo anders auf der Welt, zumindest in Industriestaaten, stehen Lehrkräfte unter solchem Druck, die Vorgaben der Politik und die Erwartungen der Gesellschaft zu erfüllen, wie bei uns. Sie kennen vielleicht die folgende Feststellung, die bereits vor über 30 Jahren von dem Arbeitsmediziner Professor Müller-Limmroth getroffen wurde: „Die Lehrkraft hat die Aufgabe, eine Wandergruppe mit Spitzensportlern und Behinderten bei dichtem Nebel durch unwegsames, ungesichertes Gelände in nordwestsüdöstlicher Richtung zu führen, und zwar so, dass alle bei bester Laune und möglichst gleichzeitig an mindestens drei verschiedenen Zielorten ankommen." Also praktisch eine „mission impossible"!

Nicht wenige Lehrkräfte kommen mit diesem Druck nicht klar. Er führt oft erst zur Selbstausbeutung der Arbeitskraft und schließlich zum Burn-out.

Kaum eine Landesregierung hat in den letzten Jahren, obwohl es freilich in die Kernaufgabe ihrer Fürsorgepflicht fällt, wissenschaftliche Arbeitszeituntersuchungen über die Belastung und die Gesundheit ihrer Lehrkräfte in Auftrag gegeben. Diese eigentliche Staatsaufgabe mussten nun Lehrerverbände selbst in die Hand nehmen. Die Ergebnisse der entsprechenden gerade veröffentlichten Studie „Lehrerarbeitszeit im Wandel" (LaiW) des Deutschen Philologenverbandes weist den Landesregierungen enorme Versäumnisse beim Gesundheits- und Überlastungsschutz der rund 800 000 Lehrkräfte nach.

Immer neue Aufgaben führen zu immer mehr Verwaltungsaufwand, dazu große Klassenstärken und im internationalen Vergleich hohe Unterrichtsdeputate.

Todsünde Nr. 1 hat denn auch dazu geführt, dass unsere Lehrkräfte am Limit angelangt sind.

TODSÜNDE NR. 2:

Sich an Visionen und nicht an
Problemlösungen vor Ort orientieren –
Schulpolitik, die von Ideologien bestimmt
wird

Todsünde Nr. 2 bezeichnet eine Bildungspolitik, die sich nicht an der Realität, den Sachpro-
blemen und der Erfahrungswelt vor Ort orientiert, sondern vornehmlich an Bildungsutopien
und Ideologien. Es ist eine schwere Hypothek
der deutschen Bildungspolitik, dass fast jedes
Schulthema ganz schnell in ein ideologisches
Fahrwasser und damit in eine erbitterte Glau-
bensdiskussion abdriften kann. Es geht dann
nicht mehr um Sachargumente und Fachfragen,
sondern um die Frage der richtigen Gesinnung
und des richtigen Weltbildes. Nichts hat in der
modernen Geschichte mehr Schaden angerichtet
als Ideologien – für die Bildungspolitik gilt das
leider auch. Ein verbindendes Element ideologi-

scher Bildungspolitik ist dabei die Vorstellung, dass Schulpolitik der Realisierung einer Utopie zu dienen hat, in erster Linie also Mittel zum Zweck ist, d.h. ein Instrument, um eine vermeintlich bessere Gesellschaft durchzusetzen. Dabei reicht die Polarisierung und Ideologisierung der deutschen Schulpolitik bereits über 100 Jahre zurück in die Weimarer Republik, wo auf der Reichsschulkonferenz von 1920 – die abgesehen von der Verankerung der vierjährigen Grundschule weitgehend ergebnislos war – Anhänger einer Einheitsschule und konservative Pädagogen aufeinander prallten.

In Westdeutschland, vor allem ab den 1970er-Jahren, verbindet sich diese ideologische Funktionalisierung der Schulpolitik mit einem heftigen bis heute andauernden Kampf um Schulstrukturen, insbesondere die Ersetzung des gegliederten Schulwesens durch Gesamtschulen.

Das „Sündhafte" an dieser Konzentration auf den Kampf um Schulstrukturen besteht darin, dass er für Jahrzehnte und teilweise bis heute die sachorientierte und an empirischen Erkenntnissen orientierte Herangehensweise an Herausforderungen und Probleme im Schulbereich verdeckt, behindert und teilweise unmöglich gemacht hat. Wieviel Energie und wieviel Kraft wurden in diese Schulkämpfe investiert, die man besser in die Suche nach einem Konsens und in sachorientierte Problemlösungen gesteckt hätte!

Denn die bis heute andauernde Polarisierung und Ideologisierung der Bildungspolitik hatte für den schulpolitischen Diskurs verhängnisvolle Konsequenzen:

Zum einen erfolgte eine enorme moralische, idealistische und visionäre Aufladung von Bildungsthemen. Es geht dabei bis heute sehr oft nicht um Sachentscheidungen, um richtig oder falsch, sondern darum, ob man auf der Seite des Guten, also vom Standpunkt der Reformer auf der Seite einer gerechten Gesellschaft steht oder nicht.

Die zweite Folge war eine zunehmende Vergiftung der Schulpolitik. Gegenüber standen sich nicht politische Gegner, sondern Feinde.

Wer in einer Sache, bei einer beliebigen bildungspolitischen Frage einen anderen Standpunkt einnahm, entlarvte sich damit sozusagen automatisch als Menschenfreund oder Menschenfeind. Die Härte von Wahlkampfauseinandersetzungen bei Schulthemen, der Hass, der dabei oft unverhohlen zum Ausdruck kommt, ist Ausfluss dieses Vergiftungsprozesses der schulpolitischen Debatte bis heute.

Dritte Konsequenz war und ist die Unfähigkeit zu Kompromissen und das ausgerechnet auf einem Politikfeld, bei dem Konsens und Verständigung mit den Beteiligten und vielen Betroffenen ganz besonders wichtig wäre. Der Schulfrieden, was für ein schöner Begriff. Als Schulleiter habe ich mich immer zusammen mit Personalrat und Lehrkräften, Elternbeirat und Schülervertretung um diesen Schulfrieden im kleinen Kosmos der eigenen Schule ganz besonders bemüht. Dabei muss man gelegentlich auch Abstriche bei den eigenen Zielerwartungen machen, aber ohne Kompromissfähigkeit ist erfolgreiche Bildungsarbeit eben auch nicht möglich.

Vierte Auswirkung der Ideologisierung ist die Neigung, jedes Thema, jede Bildungsstudie, jede Sachfrage so zu instrumentalisieren und umzuinterpretieren, dass sie ins eigene ideologische Denkschema passt. Diese Tendenz ist dabei nicht auf eine Seite begrenzt, wobei die Verfechter einer Schulpolitik, die Schule als Mittel der Gesellschaftsänderung sehen, besonders gefährdet sind. Aber auch die Gegenseite sieht sich gedrängt, die „selektiv wahrnehmende", parteiische Brille aufzusetzen und beinahe jede Bildungsstudie daraufhin abzuklopfen, was sich aus ihr denn gegen den schulpolitischen Gegner herausfinden lässt. Das ist legitim, aber auch das verengt den Blick auf die Realität, deren umfassende Wahrnehmung für gute Politik so eminent wichtig wäre.

Die Hoch-Zeit ideologiegeprägter Auseinandersetzungen um die Schulstruktur ist vorbei, das ist aber eine Momentaufnahme, die sich jederzeit wieder ändern kann.

Vor allem dem linken Flügel der SPD, vielen Grünen, aber auch der Partei der Linken erscheint die egalitäre Einheitsschule unter welchem Namen auch immer als ein Weg, um über deren Einführung eine bessere, also eine klassenlose Gesellschaft herbeizuführen.

In den 1970er-Jahren waren die Hoffnungen

der Gesamtschulbefürworter riesig. Man erwartete von dieser Schule für alle, dass sie zu besseren Leistungen, mehr Chancengerechtigkeit, höheren sozialen Kompetenzen und am Ende zu einer gerechteren Welt führt.

Gemessen am eigenen Anspruch ist in Deutschland kaum ein Schulmodell so umfassend und klar gescheitert wie die Gesamt- oder Gemeinschaftsschule. Sie hat weder zu besseren Leistungen, noch zu mehr Bildungsgerechtigkeit, noch zu den erhofften höheren sozialen Kompetenzen geführt. Als ergänzendes Schulangebot hat sie zu Recht ihren Platz im gegliederten Schulsystem, aber als bessere Alternative zu diesem hat sie komplett versagt.

Nichtsdestotrotz flammt an der einen oder anderen Stelle dieser ideologiebesetzte Kampf um schulpolitische Veränderungen auch heute noch auf. Anders gesagt: Die Todsünde Nr. 2 ist noch lange nicht tot.

Eine allerdings sich bereits wieder abschwächende Renaissance erlebte die ideologische geprägte Bildungspolitik mit der Schulreform in Baden-Württemberg, den Auseinandersetzungen um die Primarschulreform in Hamburg und der Neubelebung der Diskussion um die „Schule für alle" im Zusammenhang mit der Umsetzung der UN-Behindertenrechtskonvention und der Inklusion im deutschen Schulsystem.

Einen größeren Anlauf, mittels der Gemeinschaftsschule anstelle der stark rufgeschädigten Gesamtschule das gegliederte Schulwesen umzuformen, wurde 2011 von der damals neuen grün-roten Landesregierung in Baden-Württemberg unternommen. Die keineswegs sachlich, sondern rein ideologisch motivierte Abschaffung von Haupt- und Realschulen, die umfassende Etablierung von Gemeinschaftsschulen, die Aufkündigung der verbindlichen Grundschulempfehlung sowie eine massive Ressourcenverschiebung weg von den traditionellen Schularten hin zu den so genannten Reformschulen haben zu einem beispiellosen Absturz Baden-Württembergs bei den Lernerfolgen im Rahmen von nationalen Schulleistungsvergleichen ab dem Jahr 2016 geführt – von einem der Spitzenplätze hinab ins untere Mittelfeld. Das hat natürlich Gründe, die im inhaltlichen

Bereich liegen, etwa der mangelnden Leistungs-orientierung, aber auch an den enormen Rei-bungsverlusten, die eine solche nicht-konsensu-ale Reform bei der Umsetzung verursacht.

In Hamburg wollte die GAL (Grün-Alterna-tive Liste) und das von ihr besetzte Schulressort 2010 die Grundschulzeit um zwei Jahre verlän-gern und die Zeit im Gymnasium entsprechend verkürzen; dies war als erste Etappe zu einer ge-meinsamen längeren Schulzeit, einer „Schule für alle" gedacht. Gestoppt wurde diese Reform, die von der bekannten Vision des längeren gemein-samen Lernens getragen war – als Vorausset-zung einer gerechteren Welt – von einem Volks-begehren einer Bürgerinitiative mit einem klaren Votum im Juli 2010. Davor gab es eine Kam-pagne und eine an Heftigkeit kaum zu überbie-tende Auseinandersetzung, in der vor allem auf Seite der Reformbefürworter alles zu beobach-ten war, was Schulkämpfe auszeichnet, die ideo-logisch vergiftet sind: Emotionalisierung, Ver-teufelung des Gegners, Kompromisslosigkeit, Verengung der Debatte auf eine Auseinanderset-zung zwischen Gut und Böse. Für Zeitgenossen, die sich noch an die erbitterten Kämpfe um die Abschaffung des gegliederten Schulwesens vor 50 Jahren erinnern konnten, war es geradezu ein „Déjà-vu"-Erlebnis. Der Erste Bürgermeister Ole von Beust, der seiner grünen Schulsenatorin Christa Goetsch bei der brachialen Durchsetzung der Reform freie Hand gelassen hatte, trat kurz vor der Bekanntgabe des Ergebnisses zurück und entzog sich so der Verantwortung für die Scherben der verfehlten Schulpolitik der schwarz-grünen Koalition. Unterstützer der Primarschulreform wie etwa die Gewerkschaft Erziehung und Wissenschaft (GEW) bezeichneten das Ergebnis des Volksentscheids gar als undemokratisch, weil die Wahlbeteiligung in den bürgerlichen Stadtvierteln höher gewesen war als in den sozialen Brennpunkten. Es fehlte nur noch der Vorschlag, bei künftigen Entscheidungen ein umgekehrtes Klassenwahlrecht einzuführen, bei dem die Stimmen der Besserverdienenden weniger zählen. Dabei war die These, dass sich die „Reichen" durchgesetzt hätten, nicht einmal im Ansatz zu halten. Die Auswertung einer Wählerbefragung ergab, dass beim Volksentscheid die

Zustimmung zum Gesetzesvorschlag der Bürgerinitiative bei Hauptschulabsolventen besonders hoch war. Aber auch das gehört leider zur Todsünde 2: Da man ja im Besitz der absoluten Wahrheit zu sein glaubt, fällt es schwer, Ergebnisse von Wahlen und Volksentscheiden, die der eigenen ideologischen Vision zuwiderlaufen, in guter demokratischer Manier zu akzeptieren. Damit ist oft schon der Keim für die nächste erbitterte Auseinandersetzung gelegt. In Hamburg hat man jedenfalls zum Teil die Lehren aus diesem Desaster einer ideologisierten Schulpolitik gezogen und sich danach – zumindest von einer Mehrheit der Parteien – auf die wirklichen Problemfelder konzentriert: mangelnde Lernerfolge, fehlende Frühförderung, Unterrichtsausfall, Integration, Aufwertung der Stadtteilschulen. Und der Erfolg gibt Ties Rabe, dem Nachfolger von Frau Goetsch, Recht: Kaum ein Land hat sich bei den Leistungsvergleichen in den letzten 10 Jahren so verbessert wie Hamburg, allerdings zugegebenermaßen von einem sehr niedrigen Level aus.

Interessanterweise ging diese Re-Ideologisierung der Bildungspolitik nicht von Altlinken in der SPD, sondern von Bildungspolitikern der Grünen aus. Für die Grünen hat sich allerdings diese auf Konfrontation angelegte, stark auf ideologische Strukturreformen ausgerichtete Schulpolitik nicht ausgezahlt. Überall, wo sie in den letzten zehn Jahren für Bildung und Schule zuständig waren, haben sie diese Zuständigkeit später verloren. Die massive Wahlniederlage der Grünen bei den Landtagswahlen in Nordrhein-Westfalen im Jahre 2017 wurde zu Recht vor allem der Schulpolitik angelastet, die die grüne Schulministerin Sylvia Löhrmann zu verantworten hatte, insbesondere deren ideologisch motivierte Inklusionspolitik. Zwar rief die rot-grüne Regierung einen Schulfrieden mit einer Garantie für den Bestand des Gymnasiums aus, aber unterhalb dieser Zusage ging der Schulkampf mit einer Bevorzugung integrativer Schulformen munter weiter.

Die Inklusion von Schülerinnen und Schülern ist jüngstes Beispiel für eine mehr Schaden als Nutzen anrichtende, vom Scheitern bedrohte, ideologisch motivierte Bildungspolitik. Das

Exempel für eine Politik, die wegen ihrer weltanschaulichen Voreingenommenheit nicht nur das eigentliche Ziel der Umsetzung der UN-Behindertenkonvention verfehlt, nämlich die Bildungs- und Lebenschancen von Kindern mit Behinderung in Deutschland zu verbessern, sondern es sogar mitunter in ihr Gegenteil verkehrt. Ja, es scheint fast so, als habe die Politik in einer Reihe von Bundesländern eines der größten Projekte der Bildungspolitik in der Nachkriegszeit gegen die Wand gefahren. Wie konnte es geschehen, dass ein so ehrenwertes Ziel von der Politik in manchen Bundesländern derart verpatzt wurde? Grund ist Todsünde Nr. 2, die ideologische Instrumentalisierung eines an sich guten Ziels, nämlich die stärkere Abkehr des Fürsorgeprinzips hin zu einer selbstbewussten und gleichberechtigten gesellschaftlichen Teilhabe von Menschen mit Behinderung. Die eigentliche Triebfeder des Art. 24 der 2009 in Deutschland in Kraft getretenen UN-Behindertenkonvention, in dem es um Bildung geht, war die traurige Tatsache, dass eine nicht unerhebliche Anzahl von Ländern in der Welt, insbesondere in Afrika und Südamerika, Kinder mit Behinderungen bislang generell vom allgemeinen Schulsystem ausschließt. Sie werden dort oft ohne schulische Förderung in den Familien sich selbst überlassen. Deutschland dagegen gehörte zu jenen Ländern, die im internationalen Vergleich mit einem sehr differenzierten Förderschulsystem sehr viel in die schulische Förderung von Kindern mit Behinderungen investiert. Was nicht heißt, dass die Ratifizierung dieser Konvention durch Deutschland nicht auch Anlass sein sollte, zu überprüfen, ob die schulische Förderung von Kindern mit Handicaps gelingt bzw. ob nicht zu oft und zu schnell sonderpädagogischer Bedarf festgestellt und Kinder aus Regelschulen abgeschoben werden. Nun gab es aber in Deutschland plötzlich ein Bündnis aus verschiedenen Interessengruppen, angefangen von der Gewerkschaft Erziehung und Wissenschaft (GEW) über Erziehungswissenschaftler bis hin zu Bildungspolitikern, die die Chance witterten, über diese Ratifizierung der UN-Behindertenrechtskonvention ihren alten Kampf für eine Abschaffung des differenzierten Schulwesens doch noch einen großen Schritt näher zu kommen. Es wurde die Lesart verbreitet, mit der Unterzeichnung der Konvention habe sich Deutschland verpflichtet, ein integratives Schulsystem mit einer Schule für alle zu schaffen, alle Förderschulen aufzulösen und Kinder mit Behinderungen grundsätzlich an Regelschulen unterzubringen. Einzelne wie der emeritierte Didaktik-Professor Valentin Merkelbach gingen noch einen Schritt weiter und forderten die Abschaffung des Gymnasiums in seiner jetzigen Form als Haupthindernis zu einer gleichberechtigten Teilhabe von Behinderten an der Gesellschaft. In bildungspolitischen Debatten wird von dieser Seite bis heute der Eindruck erweckt, die UN-Konvention richte sich speziell gegen das selektive, gegliederte deutsche Schulsystem, was schlechterdings Unfug ist. Nirgends in der UN-Behindertenkonvention findet sich eine Verpflichtung zur Abschaffung von besonderen Förderschulen für Kinder mit Behinderung. In Artikel 5 (4) heißt es sogar ausdrücklich: „Besondere Maßnahmen, die zur Beschleunigung oder Herbeiführung der tatsächlichen Gleichberechtigung von Menschen mit Behinderungen erforderlich sind, gelten nicht als Diskriminierung im Sinne dieses Übereinkommens." Da in einer Reihe von Bundesländern Politiker und Parteien für die Schulen Verantwortung trugen, die genau diese ideologische Bemächtigung des Inklusionsthemas mittrugen, wurden dort in großem Maßstab Förderschulen zwangsweise von oben geschlossen, dadurch das Elternwahlrecht beseitigt und Kinder mit Behinderung auf Regelschulen verwiesen, um nicht zu sagen gezwungen, ohne dass diese dafür ausreichend vorbereitet waren. Die Politik feierte sich dafür selbst mit Verweis auf die steigenden Inklusionsquoten. In der Praxis bedeutete das aber oft: Ein Kind mit Handicap, das zuvor in einer Kleingruppe mit acht Mitschülern in einer Förderschule war, betreut von spezifisch ausgebildeten Pädagogen, fand sich plötzlich an einer Regelschule in einer Klasse mit 20 oder 25 Kindern mit einer Lehrkraft ohne entsprechende sonderpädagogische Qualifikation. Vielleicht kam einmal in der Woche ein Sonderpädagoge für eine individuelle Förderung vorbei, das war's aber dann auch schon. Die ganze Geschichte musste schief gehen. In Nordrhein-Westfalen formierte sich ein besonders breiter Widerstand. Der Sprecher des Bündnisses gegen die Inklusionspolitik der Landesregierung, Jochen-Peter Wirths, kam seinerzeit zu dem bitteren Schluss: „Wir sind auf einem Weg, der nicht zur Inklusion führt, sondern weg davon!"

Zahlreiche Eltern nahmen ihre Kinder mit Behinderungen enttäuscht wieder aus den Regelschulen heraus und schickten sie auf eine der verbliebenen Förderschulen.

Die seinerzeitige Abwahl der Nordrhein-Westfälischen-Landesregierung sowie der Ministerpräsidentin Hannelore Kraft hat auch mit dieser ideologisierten, in der Praxis gescheiterten Inklusionspolitik zu tun. Man macht es sich übrigens zu einfach, wenn man dieses Scheitern allein daran festmacht, dass es die Politik versäumt habe, die entsprechenden zusätzlichen Ressourcen an Regelschulen für Inklusion bereitzustellen. Es war vielmehr von Anfang an der Grundfehler einer idealistischen, besser gesagt von Ideologie geprägten Inklusionspolitik, unter Inanspruchnahme höchster moralischer

Ansprüche maximale Versprechungen zu machen. Ohne empirische Evidenz wurde behauptet, dass vollständige Inklusion nur Vorteile für alle habe und gemeinsames Lernen die beste Förderung ermögliche. Sicherlich hat Politik zumindest ein wenig aus diesen Erfahrungen gelernt, die Schließung von Sonderschulen mit bestimmten Förderschwerpunkten wurde teilweise ausgesetzt. Auf ein klares Eingeständnis, dass

- die hastige Schließung von Förderschulen in einigen Bundesländern voreilig und falsch war,

- die Bereithaltung von Förderschulen dem Grundgedanken einer inklusiven Gesellschaft nicht widerspricht und

- gelingende Inklusion keine Frage von Quoten an Regelschulen, sondern von Qualität und sorgfältigen Konzepten ist,

darauf wartet man bis heute vergebens, was wiederum den Verdacht nährt, dass nicht aus Einsicht, sondern mehr wegen des Widerstands der Wähler der ursprüngliche Plan nicht mehr so offensichtlich weiterverfolgt wird.

Gerade in der Schulpolitik wäre – orientiert an der Klassifikation von Max Weber – mehr Verantwortungsethik und weniger Gesinnungsethik dringend geboten.

TODSÜNDE NR. 3:

Eine Reformsau nach der anderen durch
unsere Schulen treiben –
Bildungspolitik als Experimentierfeld
unausgereifter Reformen und als
parteipolitischer Kampfplatz

Ein Ärgernis ersten Ranges in der Bildungspolitik ist die schnelle Abfolge immer neuer Schulreformen, welche Schulen und Lehrkräften eine kontinuierliche Bildungs- und Erziehungsarbeit unmöglich macht. Es handelt sich um die unselige Tendenz der Bildungspolitik, immer neue Reformsäue durch die Schullandschaft zu treiben. Diese Praxis resultiert aus mehreren Ursachen. Die Zuständigkeit für Bildung ist eine der letzten Kernkompetenzen der Länder, weshalb hier der parteipolitische Kampf zuweilen mit besonderer Härte ausgefochten wird. Zudem führt der verkürzte politische Zeithorizont der Legislaturperioden bei den Beteiligten zu der

Neigung, „Action" und Symbolpolitik statt langfristiger Perspektivpolitik zu betreiben. Die häufige Folge ist ein bildungspolitischer Zickzack-Kurs, der bei jedem Regierungs- oder Koalitionswechsel einen zusätzlichen Schub erfährt. Selbst wenn man Bildungsexperten nach Beispielen für gelungene, erfolgreiche Bildungsreformen befragt, folgt meist erst einmal eine längere Nachdenkpause, bevor zögernd eine Antwort erfolgt.

Beispiele für gescheiterte Bildungsreformen dagegen, die einem sofort einfallen, gibt es mehr als genug – ja eigentlich ist die bundesdeutsche Bildungspolitik der Nachkriegszeit nichts anderes als eine Aneinanderreihung mehrheitlich gescheiterter Reformen, angefangen bei der Mengenlehre über die Einführung von Gesamtschulen bis hin zur Umstellung auf G8 in den alten Bundesländern, der Rechtschreibreform und dem Schreiben nach Gehör.

Gemeinsam ist all diesen Reformen, dass sie in aller Regel weitgehend ohne vorherige Erprobung, ohne Modellversuche und Evaluationsphasen sowie ohne Beteiligung von kompetenten Schulpraktikern eingeführt wurden. Anstatt vor Reformen ergebnisoffene Modellversuche durchzuführen und zu bewerten, degradiert so manches schulpolitische Reformpaket, das qua Gesetz zum Erfolg verdammt ist, die Kinder zu Versuchskaninchen. Evaluierungen finden nicht mehr statt, bergen sie doch die Gefahr des möglichen Eingeständnisses der Politik, sich geirrt zu haben. Es kann nicht sein, was nicht sein darf. Bis heute gab es zum Beispiel keine umfassende wissenschaftliche Evaluation über die Effizienz des frühen Fremdsprachenunterrichts an Grundschulen, über die Effekte der Rechtschreibreform auf die Rechtschreibkompetenz, über die qualitativen Auswirkungen der Schulzeitverkürzung an den Gymnasien in den alten Bundesländern, über die Konsequenzen der Einführung gestufter Studiengänge im Bereich der Hochschulen, also die Umstellung auf das Bachelor/Master-System – um nur einige Reformbaustellen zu nennen.

Bei der Methode „Lesen durch Schreiben" oder auch „Schreiben nach Gehör" dauerte es fast 30 Jahre, bevor in einer wissenschaftlichen, empirisch angelegten Studie aus Nordrhein-Westfalen das ganze Desaster offenkundig wurde, welches mit dieser Methode an Schulen angerichtet wurde. Das Konzept, wonach sich Kinder das Schreiben am besten und am leichtesten selbst beibringen könnten, geht auf den Schweizer Reformpädagogen Jürgen Reichen zurück, der in den 1980er-Jahren am Hamburger Institut für Lehrerfortbildung arbeitete, von wo es allmählich in die Studienpläne der Universitäten einsickerte und schließlich in die Lehrpläne vieler Bundesländer übernommen wurde. Viele Lehrbücher mit den entsprechenden Anlauttabellen wurden in den Bundesländern zugelassen, die sich dieser Methode verpflichtet fühlten. Schließlich gab es Unterstützung von anderen Reformpädagogen und dem Grundschulverband, der die Verbreitung an deutschen Schulen massiv förderte.

Zwar geriet die Methode „Lesen durch Schreiben", mit der von den Schülern zunächst alles so geschrieben wird, wie es klingt, bald in die Kritik. Eltern protestieren dagegen, dass ihnen untersagt wurde, falsche Schreibweisen

ihrer Kinder zu korrigieren, um deren Schreib-
drang nicht zu bremsen. 30 Jahre lang wurde
die Wirksamkeit nie in einer umfassenden Studie überprüft, obwohl sich die Klagen insbesondere von Lehrkräften weiterführender Schulen
über sinkende Rechtschreibleistungen häuften.
Sogar in manche Landtagsdebatten schaffte es
diese hochumstrittene Methode. „Liba Fata –
ales gute zum Fatatak. Ich hab dich lib!" hatte
die Tochter des Brandenburger CDU-Landtags-
abgeordneten Henryk Wichmann ihrem Vater
geschrieben, der den Brief empört im Landtag
vorlas. Trotzdem passierte jahrelang nichts.

Es ist der aus Eigeninitiative entstandenen
großen Studie der Bonner Psychologieprofes-
sorin Una Röhr-Sendlmeier zu verdanken, dass
nach fast 30 Jahren praktischer Anwendung
dieser obskuren Methode an Schulen endlich
untersucht wurde, ob die massiv abgesunke-
nen Rechtschreibkenntnisse von Viertklässlern
mit dem verwendeten Lese- und Schreiblern-
konzept von Jürgen Reichen zusammenhängen
könnten. In vierjähriger Kleinarbeit wurden
die Rechtschreibleistungen von mehr als 3000

Grundschulkindern aus Nordrhein-Westfalen systematisch in einer kombinierten Querschnitts- und Längsschnittuntersuchung erfasst. Die Ergebnisse konnten nicht eindeutiger sein. Die Grundschüler, die vier Jahre lang nach der „Lesen durch Schreiben"-Methode unterrichtet wurden, machten im Schnitt 55 Prozent mehr Fehler als die, die nach der traditionellen Fibelmethode gelernt hatten. Besonders schmerzhaft war die Erkenntnis, dass sozial benachteiligte Kinder, denen die Eltern nicht helfen konnten, besonders stark abgehängt wurden. Im Nachhinein ist es kaum zu begreifen, dass sich eine derart absurde Methode überhaupt so weit verbreiten konnte, – als könnten sich Kinder so etwas Komplexes wie das über Jahrhunderte entstandene Alphabet samt Rechtschreibung selbst besser beibringen als die Lehrkraft.

Zwar haben inzwischen einige Länder darauf reagiert und die Methode verboten, wie etwa Hamburg, Nordrhein-Westfalen, Schleswig-Holstein, Baden-Württemberg, Bayern und Brandenburg. Trotzdem: Zurück bleibt Entsetzen über eine Reform, die ohne jegliche empirische Evidenz und Erprobung eingeführt und nie evaluiert wurde, aber einen beträchtlichen negativen Einfluss auf die Rechtschreibleistungen von Kindern über Jahrzehnte hinweg gehabt hat und teilweise noch hat. „Schreiben nach Gehör" ist ein besonders drastisches Beispiel. Es gibt leider noch viele andere.

Von dem frühen Fremdsprachenbeginn – meist Englisch, teilweise Französisch – bereits in der Grundschule, der in allen Bundesländern seit der Jahrtausendwende eingeführt wurde, versprach man sich – zumindest wurde das von der Bildungspolitik so kommuniziert – eine höhere Fremdsprachenkompetenz, die in einer Welt der Globalisierung gerade für deutsche Kinder so wichtig sei. Geschwächt wurde aber zunächst die muttersprachliche Kompetenz, weil die Zusatzstunden auch aus dem Bereich des Deutschunterrichts herausgebrochen wurden. Bis heute gibt es keine Evaluation, die belegt, dass durch den frühen Fremdsprachenbeginn die fremdsprachliche Kompetenz von Schulabsolventen gestiegen sei. Sie gibt es nicht, weil die Politik genau spürte, dass es da keine positiven Verbesserungen gegeben hat. Ganz abgesehen davon, dass es bis heute keine exakt zu erreichenden Bildungsstandards für das frühe Fremdsprachenlernen gibt, die den weiterführenden Schulen erlauben, dort anzusetzen und darauf aufzubauen. In der Regel fangen die Fremdsprachenlehrkräfte an Gymnasien deshalb nochmals von vorne an. Das schöne Argument, Kinder lernten Fremdsprachen besonders leicht, trifft übrigens so pauschal auch nicht zu. Der Lernfortschritt ist bei gleichem Zeiteinsatz bei Zehnjährigen höher als bei Sechs- oder Achtjährigen, weil letztere zu systematischem Lernen noch nicht in der Lage sind.

Erforderlich für einen erfolgreichen frühen Fremdsprachenerwerb wäre ein tägliches Sprachbad, also eine erheblich höhere Stundenausstattung, als sie das Fach heute hat. Bis dato stehen für den Fremdsprachenunterricht an Grundschulen immer noch zu wenig Lehrkräfte bereit, die dafür auch spezifisch ausgebildet worden sind.

Eine weitgehend misslungene Reform ist schließlich auch die Einführung gestufter Studiengänge an den Hochschulen, also die so genannte Bologna-Reform mit der Umstellung auf Bachelor- und Masterstudiengänge. Man muss nur die mit der Einführung verknüpften Erwartungen mit der heutigen Realität vergleichen. Demnach ist fast keines der ursprünglichen Ziele erreicht worden:

- Die Hoffnung auf eine Verkürzung der Studienzeit hat sich nicht erfüllt, weil der Großteil der Bachelorabsolventen auch ein Masterstudium anhängt, ganz anders als im angelsächsischen Raum. Angesichts der mauen Berufs- und Verdienstaussichten von Bachelorabsolventen ist dies auch verständlich.

- Die Mobilität der Studierenden, verstärkt auch ein oder zwei Auslandssemester einzuschieben, wurde nicht erhöht.

- Die Abbruchquoten sind gerade im Bachelorbereich gegenüber dem früheren Grundstudium in vielen Studiengängen signifikant gestiegen.

- Auch über die Qualität der neuen gestuften Studiengänge gibt es vielfach Klagen.

Während die erwähnten Reformen überall in Deutschland ihre Spuren hinterlassen haben, gibt es auch Bundesländer, die sich weniger stark von der Schulreformitis haben anstecken lassen.

Ein anerkannter Bildungsforscher wie Olaf Köller vom Leibniz-Institut für die Pädagogik der Naturwissenschaften und Mathematik (IPN) in Kiel ist mehrfach der Frage nachgegangen, was bei Schulleistungsvergleichen erfolgreiche Bundesländer wie Sachsen und Bayern in der Bildungspolitik anders machen als die Rankingschlusslichter wie Berlin, Bremen und Nordrhein-Westfalen. Er kam zu einem eindeutigen Resümee: Es ist die Kontinuität in der Schulpolitik, es sind Verlässlichkeit und Beständigkeit als feste Koordinaten. In der Tat sehnen sich in vielen Ländern die Mitglieder der Schulfamilie – also Eltern, Lehrkräfte und Schüler – nach einem verlässlichen, sicheren Rahmen für ihr pädagogisches Handeln. Oder um es mit den Worten des ehemaligen Präsidenten des Deutschen Lehrerverbandes, Josef Kraus, zu sagen: „Die beste Schulreform wäre es, mal eine Legislaturperiode lang keine Schulreform zu machen!"

TODSÜNDE NR. 4:

Schule nach ökonomischen Kriterien
umformen –
der verhängnisvolle Einfluss des
Neoliberalismus

Triebfeder vieler schulpolitischer Eingriffe in den letzten beiden Jahrzehnten war das Bestreben, auch das Bildungssystem nach unternehmerischen, der Ökonomie entlehnten Steuerungsregeln umzugestalten. Schlagworte dabei waren Deregulierung, Privatisierung, Wettbewerb, Globalisierung, Rationalisierung, Kosten-Nutzen-Analysen, Konkurrenz, Beschleunigung, gesellschaftliche Rendite, Kunden- und Outputorientierung, Bildung als Markt, autonome Schule und Qualitätsmanagement. Der umfassende Versuch, Schule nach ökonomischen Kriterien umzuformen, zählt zu den Todsünden, die besonders nachhaltige negative Auswirkungen auf unser Schulsystem hatten und haben. Dabei wird Schule vorrangig als volkswirtschaftlicher Wachstumsfaktor gesehen, die Menschen im Bildungssystem ihrerseits als Humankapital. Wir reden vom schädlichen Einfluss des Neoliberalismus auf Schule, der zwar schon einmal größer war als heute, aber immer noch immensen Schaden anrichtet. Taxieren kann man diese Periode auf die Zeit nach dem so genannten PISA-Schock, teilweise auch schon früher, als der Eindruck erweckt wurde, die deutschen Schulen seien in einem katastrophalen Zustand.

Dazu kam die Angst, Deutschland könne wirtschaftlich absteigen, den Wettkampf um die globalisierten Märkte und den Wettbewerb um die besten Köpfe verlieren. Bei der Ausrichtung der Bildungspolitik an der Ökonomie war und ist vor allem eine Organisation beteiligt: die OECD, unter deren Ägide die regelmäßigen PISA-Studien und die jährliche Gesamtbildungsstudie „Education at a glance" durchgeführt wird. Auch wenn PISA durchaus auch brauchbare Daten liefert – im Mittelpunkt steht nicht der Bildungsprozess von Menschen, sondern dessen Beitrag zu wirtschaftlicher Prosperität.

Der Altphilologe Manfred Fuhrmann hat kurz vor seinem Tod das Bildungsverständnis der PISA-Studie genauer unter die Lupe genommen. Ihn interessierte nicht, wieviel man für PISA wissen muss, sondern worauf die PISA-Fragen abzielen. Sein Befund ist eindeutig: „Der PISA-Test zielt auf den homo oeconomicus. Der Idealtyp des PISA-Tests ist derjenige, der sich später einmal am besten in Industrie, Technik und Wirtschaft auskennen wird. Von allen übrigen Bereichen der Kultur sieht der Test rigoros ab. Der PISA-Test zielt nicht auf Bildung, sondern auf ein Bildungssurrogat."

Bis heute melden sich zum Thema Schule fast im Wochentakt Wirtschaftsverbände und wirtschaftsnahe Stiftungen wie etwa Bertelsmann, die Initiative Neue Soziale Marktwirtschaft, der Aktionsrat Bildung des Verbands der bayerischen Wirtschaft, aber auch Arbeitgeberverbände wie BDA und BDI mit eigenen Untersuchungen, Patentrezepten und Reformvorschlägen zu Wort, in deren Mittelpunkt ökonomische Überlegungen und die Logik der Wirtschaft stehen. Organisationen wie Bertelsmann wittern im Bildungsbereich das Riesengeschäft, das sie sich vor allem für die Zeit erhoffen, wenn das Bildungswesen nach ihren Vorstellungen weitgehend privatisiert worden ist. Mit immer neuen Studien, die genau dieses Ziel verfolgen, versuchen sie die Politik gemäß ihren Absichten vor sich herzutreiben. Am ökonomischen Wesen sollen die Schulen genesen! Aus dieser Doktrin stammen der Beschleunigungswahn des G8, die Bologna-Reform, unzählige Modelle der Schulevaluation, angeblich effektivitätssteigernde Maßnahmen des Quality Management sowie die Humankapitaltheorie, wonach mehr Abiturienten auch mehr Wirtschaftskraft generieren. Die Politik in fast allen Bundesländern gewöhnte es sich bereits in den 1990er-Jahren an, Unternehmensberatungen wie z. B. Kienbaum mit Prüfaufträgen zu betrauen, wie man Schule billiger machen könne. Kosteneinsparungen seien wichtiger als Qualität. Zieht man heute ein Resümee der unter der Ägide des Bildungsökonomismus durchgeführten Reformen, dann macht sich Ernüchterung breit. Nicht nur, dass sich wie etwa bei Bologna die erhofften Wirkungen nicht eingestellt haben; Maßnahmen wie die von den Ministerpräsidenten über die Köpfe der Schulministerien hinweg durchgedrückte Schulzeitverkürzung führten zu Kollateralschäden, die für Jahrzehnte für massive Unruhe in der Schulpolitik sorgten.

Den Startschuss für die Schulzeitverkürzung bildet die berühmte Berliner Ruckrede von Roman Herzog, der das 13. Schuljahr als „gestohlene Lebenszeit" bezeichnete. Eine massive Abwertung von Bildungsprozessen gegenüber der Berufstätigkeit: Wertvoll ist nur die Zeit, in der man verdient und das Bruttosozialprodukt vermehrt. Es gehört zur Ironie der Bildungsgeschichte, dass heute Eltern- und Lehrerverbände die den Kindern im G8 „gestohlene Kindheit" beklagen.

Inzwischen kehren immer mehr Bundesländer wie etwa Schleswig-Holstein, Hessen, Bayern, Nordrhein-Westfalen und Niedersachsen wieder zum G9 zurück.

Hinter dem Ziel, Schulen nach ökonomischen Kriterien umzugestalten, steckt eine Denkweise, die teilweise schon weit in die Gesellschaft vorgedrungen ist, wonach Schule einem Unternehmen gleiche, Kinder und Eltern lediglich Kunden seien und die Lehrkräfte wiederum bloße Dienstleister.

Schulen sind aber keine Wirtschaftsbetriebe, Schüler und Eltern keine Kunden und Bildung ist kein Produkt, welches der volkswirtschaftlichen Rationalität des abnehmenden Grenznutzens gehorcht. Sonst müssten nämlich Bildungsgüter umso wertvoller werden, je knapper sie sind.

Wer der neoliberalen Bildungstheorie folgt, begeht einen großen Denkfehler: Bildung ist keine Ware, die den Marktgesetzen von Angebot und Nachfrage unterworfen werden darf.

Verkürzt gesagt: Wäre Schule ein Unternehmen und stünde Kundenzufriedenheit im Vordergrund, dann wäre unsere Aufgabe klar: Möglichst viele Abiturienten und Abiturientinnen in möglichst kurzer Zeit möglichst billig zu produzieren. Am Kern unserer Bildungsaufgabe, Kinder und Jugendliche zu mündigen, kritischen und umfassend gebildeten jungen Menschen zu erziehen, geht diese Zielvorstellung völlig vorbei. Unterrichts- und Erziehungserfolge beschränken und erschöpfen sich nicht in der Vermittlung von arbeitsmarktrelevanten Fähigkeiten. Sie haben Größeres im Blick. Bildung und Schule zielt auf ein umfassendes Programm der Förderung und Formung von Talenten und Begabungen, von Geist, Seele und Körper. Dieses Bildungsprogramm, es ist ein zutiefst humanistisches Projekt, folgt nicht dem Diktat der aktuellen Verwertbarkeit. Es blendet aber auch den Wirtschaftsbereich nicht aus, im Kern geht es bei gelingenden Bildungsprozessen immer um eine permanente Vermittlung zwischen den individuellen Entfaltungsmöglichkeiten und den Anforderungen der Gesellschaft. Das Ziel ist der mündige junge Bürger, nicht der angepasste Marktteilnehmer.

Gott sei Dank hat die Anfälligkeit der Bildungspolitik für diese Todsünde erfreulicherweise in den letzten Jahren doch etwas abgenommen. Wenn nicht alles täuscht, dann hat an dieser Stelle eine grundlegende Götterdämmerung eingesetzt. Durch den Börsencrash sowie Finanzmarkt- und Bankenkrise ab dem Jahre 2007 ließ die Strahlkraft des Neoliberalismus auf die Bildungspolitik stark nach. Viele von denen, die noch vor Kurzem die Rückständigkeit des Staates und seines Bildungssystems nicht laut genug anklagen konnten, haben sich in dieser Krise lautlos und schnell unter die mit Steuermitteln aufgespannten Rettungsschirme geflüchtet. Die Zeiten sind vorbei, wo man mit dem Gestus eines Siegers, der sich auf den Börsenplätzen der Welt erfolgreich behauptet, auch im Schulbereich vermeintliche Erfolgsrezepte verteilen und auch noch umsetzen konnte. Auch die Bilanz der bereits zuvor auf Druck der Wirtschaft deregulierten und privatisierten ehemaligen Staatsunternehmen wie Post und Bahn liest sich nicht gerade wie eine Erfolgsgeschichte. Weder haben diese Entstaatlichungen zu finanziellen Entlastungen des Bürgers noch zu merklichen Qualitätsgewinnen geführt.

Die einseitige Ausrichtung von Schule an den Maßstäben der Ökonomie führt zum Tod des eigentlichen Bildungsgedankens, der am einzelnen Menschen ausgerichtet ist.

TODSÜNDE NR. 5:

Dauerversagen des Bildungsföderalismus beim Thema „Leistungsunterschiede und mangelnde Vergleichbarkeit"

Es ist nicht ein, es ist *der* Skandal der deutschen Bildungspolitik, dass die Bildungs- und Zukunftschancen von Kindern und Jugendlichen hierzulande in unerträglicher Weise vom Wohnort und damit dem jeweiligen Bundesland abhängen, in dem sie zur Schule gehen. Und es ist zweifellos eine Todsünde, dass trotz Kenntnis dieser Bildungsungerechtigkeit von Seiten der Verantwortlichen so wenig geschehen ist und sich an diesem unhaltbaren Zustand in den letzten Jahrzehnten kaum etwas geändert hat. Wir reden von den massiven Unterschieden bei den Schülerleistungen zwischen den verschiedenen Bundesländern.

Zwei Jahre Lernfortschritt liegen zwischen den 15-jährigen Bremern und den gleichaltrigen

Sachsen, wie erst vor Kurzem mit Blick auf die Mathematikkompetenzen bei Schulleistungsvergleichen das MINT-Nachwuchsbarometer 2020 von acatech – Akademie der Technikwissenschaften – und Körber-Stiftung nochmals festgehalten hat. Diese haarsträubenden Differenzen zeigen sich aber auch in den anderen Testbereichen wie etwa bei der Lesekompetenz und den Naturwissenschaften. Zwei Lernjahre Unterschied bereits nach einer Schulzeit von neun Jahren, was wir dank PISA-E seit fast 20 Jahren wissen! Man kann auch durch Untätigkeit und Feigheit schwer sündigen. Natürlich braucht es Mut, in einem Bundesland höhere Leistungsstandards durchzusetzen, weil das im eigenen Land vielleicht zunächst unpopulär ist. Das verlangt nicht nur mehr Ressourceneinsatz, sondern auch mehr Leistungsbereitschaft von den eigenen Schülern. Wer politische Verantwortung übernimmt, darf sich aber vor notwendigen Entscheidungen nicht herumdrücken, selbst wenn sie schwierig in der Umsetzung sind und Widerstand hervorrufen. Auch wenn die Zielvorgabe des Grundgesetzes mit der „Gleichwertigkeit der Lebensverhältnisse" in Art 72 Abs. 2 mehr den Bund als die Länder im Blick hat, ist doch offenkundig, dass keine Landesregierung sich damit abfinden darf, dass die eigenen Landeskinder mit großen Lernrückständen die Schulen verlassen, was ja konkret heißt, dass sie deutlich schlechtere Startchancen ins Leben haben. Als Entschuldigung wird von einem Teil der in die Kritik geratenen Bundesländer angeführt, diese Unterschiede hätten weniger mit der Bildungspolitik zu tun als vielmehr mit der Wirtschaftskraft eines Landes und der sozialen Zusammensetzung der Bevölkerung, Stadtstaaten seien nun einmal gegenüber Flächenländern im Nachteil. Dass dies eine Ausrede war und ist, zeigt das positive Ausnahmebeispiel Hamburg. Dieses Land hat sich wider den Trend bei fast allen Schulleistungsvergleichen der letzten fünf Jahre, vorzugsweise bei den Grundschulen, verbessert und ist in den meisten Testbereichen von der Abstiegszone in das Mittelfeld aufgerückt. Dafür gibt es Gründe. Seit 2012 wird in Hamburg der Lernstand aller Schüler in den Jahrgängen 2, 3, 5, 7, 8 und 9 mit landeseigenen Tests jährlich erhoben. Nur wer um den Lernstand weiß, kann auch zielgerichtete Fördermaßnahmen einleiten. Umso unverständlicher, dass Berlin und Bremen sich daran kein gutes Beispiel nehmen. Viele Schulministerien und Landesregierungen scheinen sich mit der derzeitigen Situation abgefunden zu haben. Besonders besorgniserregend: Nach jahrelangen leichten, aber stetigen Verbesserungen gehen die durchschnittlichen Leistungen bundesdeutscher Schüler derzeit wieder nach unten. Negative Konsequenzen haben die Unterschiede im Bildungsniveau auch für die Mobilität in Deutschland: Jeder Umzug birgt die Gefahr schulischer Anpassungsprobleme, viele Familien planen inzwischen Wiederholungsrunden vorsorglich schon ein.

Eine besondere Brisanz erhält dieses Thema der Leistungsunterschiede beim Abitur. Und zwar deshalb, weil die Abiturdurchschnittsnote bis auf ein Zehntel hinter dem Komma darüber mitentscheidet, welche Studien- und Berufswahlmöglichkeiten ein Schulabgänger hat. Bei 40 Prozent der Studiengänge ist die Abinote ein gewichtiges Auswahl- und Zulassungskriterium.

Wie sieht es bei der Vergleichbarkeit aus, hat wenigstens da die Bildungspolitik ihre Hausaufgaben erledigt?

In der letzten Aufstellung der Abiturdurchschnittsnoten der Bundesländer von 2019 differieren diese zwischen Thüringen mit 2,18 und Niedersachsen mit 2,56. Das ließe sich hinsichtlich der Auswahl in zulassungsbeschränkten Studiengängen tolerieren, wenn diese Differenzen Leistungsunterschiede spiegeln würden. Dies ist aber beileibe nicht der Fall, wie Matthias Brodkorb, immerhin ein ehemaliger Bildungsminister, und Katja Koch in ihrem Buch „Der Abiturbetrug" durch einen Abgleich der Abinoten mit dem Abschneiden der betreffenden Bundesländer bei Schulleistungsvergleichen überzeugend dargelegt haben. Offensichtlich muss man in manchen Ländern mehr für eine gute Abinote leisten als in anderen. Auch die Durchfallquoten fallen weit auseinander: Über 7 Prozent scheitern beim Abitur in Mecklenburg-Vorpommern, nur 2 Prozent in Thüringen.

Inzwischen gibt es eine klare Aussage des Bundesverfassungsgerichts zu diesen Unterschieden im Urteil zur Medizinerzulassung vom Dezember 2017. Demnach sind die in den Ländern erzielten Abiturnoten nicht vergleichbar.

Dass es den Bundesländern nicht gelungen ist, ja, dass sie nicht einmal einen ernsthaften Versuch dazu unternommen haben, mehr Vergleichbarkeit herzustellen, ist ein schweres Versäumnis.

Wie Abiturnoten zustande kommen, ist von Bundesland zu Bundesland nach wie vor extrem unterschiedlich. Es gibt differierende Regelungen zu den Einbringungspflichten, also wie viele und welche Kurse aus den beiden Vorjahren in die Abitur-Wertung eingebracht werden müssen. Die Zahl und Art der verpflichtenden Abiturprüfungsfächer weicht voneinander ab, in manchen Bundesländern muss man in Deutsch und Mathe eine schriftliche Prüfung schreiben, in anderen Ländern kann man diese Hürde umgehen. Es gibt Länder mit Grund- und Leistungskursen und welche ohne, selbst die Modalitäten der mündlichen Prüfungen unterscheiden sich stark. 2016 unternahm die Kultusministerkonferenz (KMK) dann einen halbherzigen Versuch, die

Vergleichbarkeit des Abiturs zu erhöhen, nämlich durch den so genannten Aufgabenpool. Unter der Ägide des IQB (Institut zur Qualitätsentwicklung im Bildungswesen) in Berlin wurde für die Fächer Deutsch, Mathematik, Englisch und Französisch ein Pool von Abituraufgaben von ähnlichem Schwierigkeitsgrad erarbeitet, aus dem sich die Bundesländer bei der Zusammenstellung ihrer Landeszentralabituraufgaben bedienen konnten. Der Aufgabenpool brachte die Vergleichbarkeit keinen Schritt voran, da sich die Länder jede Menge Schlupflöcher aus dem Korsett der Vergleichbarkeit offengehalten hatten. Die Aufgaben konnten, mussten aber nicht dem Pool entnommen werden. Manche Länder entnahmen daraus mehrere, manche keine einzige Aufgabenstellung. Es durften Abänderungen vorgenommen werden, die Bearbeitungszeiten unterschieden sich und schließlich hielten sich die Länder die Möglichkeit offen, bei der Bewertung noch nachträglich einzugreifen, falls die Ergebnisse zu schlecht ausfielen, was auch mehrere Bundesländer wie Hamburg, Bremen und Hamburg 2019 und 2020 im Fach Mathematik taten, während in anderen den Schülern zusätzliche Verbesserungsmöglichkeiten angeboten wurden.

Von der angestrebten größeren Vergleichbarkeit blieb so kaum etwas übrig, zumal es offensichtlich auch das IQB selbst nicht geschafft hatte, für einen ähnlichen Schwierigkeitsgrad der Aufgaben im Pool zu sorgen.

Die Hoffnung darauf, dass sich die KMK angesichts des harten Verdikts des Bundesverfassungsgerichts endlich zu größeren Anstrengungen zum Abbau von Leistungsunterschieden, Qualitätsverbesserungsmaßnahmen und einer höheren Vergleichbarkeit veranlasst sehen würde, erfüllte sich auch 2020 nicht. Anstatt einen von verschiedenen Ländern geforderten Bildungsstaatsvertrag auf den Weg zu bringen, in dem endlich die Annäherung von Abschlussprüfungen, die Rückführung des Wildwuchses an Schularten und die gemeinsame Qualitätssicherung auf eine verbindliche gesetzliche Grundlage gestellt würde, einigte man sich lediglich auf eine Fortsetzung der bisherigen Minimalkompromisse in einer neuen Ländervereinbarung. In entscheidenden Fragen bleibt es bei unverbindlichen Absichtserklärungen. Die Angleichung der verschiedenen Schulbezeichnungen im Sekundarbereich solle beispielsweise lediglich „geprüft" werden. Gescheitert ist die Kultusministerkonferenz damit ein weiteres Mal an der Frage von mehr Einheitlichkeit bei der Abiturprüfung. Statt gemeinsamer Abituraufgaben beschränkt man sich auf einen Wiederbelebungsversuch des eigentlich bereits gescheiterten Aufgabenpools. Damit trägt die Bildungspolitik in Deutschland zum Verfall des Werts von Abschlussprüfungen, speziell des Abiturs bei. Vieles deutet auf eine langfristige Verdrängung des Abiturs als Hochschulzugangsberechtigung durch generelle Hochschuleingangsprüfungen hin. Ein Blick in das Ausland allerdings zeigt, dass eine solche Entwicklung weder zu mehr Bildungsgerechtigkeit noch zu mehr Qualität führen wird.

TODSÜNDE NR. 6:

Katastrophales Krisenmanagement bei
der Bewältigung der Corona-Pandemie an
Schulen

Ein besonders desolates Bild gibt der deutsche
Bildungsföderalismus bei der Bewältigung der
mit der Corona-Pandemie verbundenen Herausforderungen an Schulen ab. Mag man sich
ansonsten notgedrungen damit abfinden, dass
die Mühlen der deutschen Kultusbürokratie
langsam mahlen – in einer solchen Ausnahmesituation braucht die deutsche Bildungspolitik
ein funktionierendes und zu schnellen Entscheidungen fähiges Krisenmanagement. Wenn es um
derart zentrale Ziele wie Aufrechterhaltung des
Bildungsauftrages und Gesundheitsschutz an
Schulen geht, hat die Bevölkerung ein Anrecht
darauf, dass schnelle und einheitliche Regelungen getroffen werden. Da kann man eigentlich
nicht mehr auf das Recht der Länder auf eigen-

ständige Schulpolitik pochen, da geht es um Hygieneschutzmaßnahmen, bei denen kaum jemand erklären kann, warum dafür in einem Bundesland andere Regeln und Richtwerte gelten sollen als in einem anderen. Natürlich war niemand auf diese Pandemie vorbereitet, die große Politik nicht, die Kultusbürokratie nicht, die Schulen nicht. Wer hätte sich denn vor einem Jahr vorstellen können, dass Schulen dicht machen und monatelang auf Distanzunterricht ausweichen müssen? Nicht zu entschuldigen ist aber das anschließende Versagen der Bildungspolitik beim Krisenmanagement. Bis heute fehlt ein langfristiges Konzept, wie unsere Schulen aus der Corona-Krise wieder herauskommen. Das muss zu deren Todsündenregister dazu gezählt werden.

Wie bereits erwähnt hat Covid-19 auch Missstände und Versäumnisse in der Schulpolitik aufgedeckt. Jetzt rächt es sich beispielsweise, dass man sich viel zu viel Zeit bei der Digitalisierung der Schulen gelassen hat, bei Ausbruch der Epidemie nur ein Bruchteil der Digitalpaktmittel abgerufen war und die Bundesländer über keine oder nur funktional unzureichende Lernplattformen verfügten. Das war bereits ein schwerer Fehler; völlig unentschuldbar war aber dann, dass die Politik auch beim Krisenmanagement eine denkbar schlechte Figur abgegeben hat. Dies ging schon los bei dem – wohl auf Druck der Ministerpräsidenten entstandenen – Beschluss, am 16. März die Schulen zu schließen, ohne einen angemessenen Vorlauf von einer Woche oder wenigstens ein paar Tagen, der es ermöglicht hätte, zwischen Lehrkräften und Schülern Absprachen und Regelungen für die Kommunikationswege während der Schulschließungen zu verabreden.

In der ersten Phase des damaligen Lockdowns hat die Politik – und damit sind Bund und Länder gemeint – völlig verkannt, welche entscheidende, systemrelevante Rolle den Schulen und der Bildung in einer solchen Krise zukommt. Wochen- und monatelang beschäftigte sie sich mit Kurzarbeitergeld, Rettungsaktionen für Luftfahrt- und Reiseunternehmen sowie einem riesigen Investitionsprogramm, um einen wirtschaftlichen Absturz zu verhindern – einem

Investitionsprogramm freilich, in dem Bildung keine bzw. allenfalls eine randständige Rolle spielte. Man übersah, dass angesichts der nicht absehbaren Dauer der Pandemie sofort Vollgas bei der digitalen Nachrüstung der Schulen hätte gegeben werden müssen.

Notwendig gewesen wäre zudem die Bildung von „Taskforce"-Gruppen aus Vertretern von Schulen, Kommunen als Schulträgern und aus den oberen Dienstbehörden, um vor Ort endlich die Verlegung von Glasfaserkabeln und Breitbandanschlüssen voranzutreiben. Es geschah jedoch kaum etwas in diese Richtung, so dass die Öffentlichkeit im Herbst 2020, als die Diskussion um eventuell erneut nötigen Distanzunterricht angesichts steigender Infektionszahlen wieder einsetzte, erstaunt feststellen musste, dass die Schulen hinsichtlich der digitalen Infrastruktur um kaum einen Deut besser dastanden als im Frühjahr.

Nach dem Lockdown im März dauerte es fast zwei Monate, bevor die Bundesländer ein Konzept für den stufenweisen Wiederbeginn des Unterrichts vorlegten – ein Konzept für einen

Hybridunterricht mit verkleinerten Klassen im Wechsel zwischen Präsenz- und Fernlernphasen, welches übrigens nicht von der Ministerialbürokratie, sondern vom Deutschen Lehrerverband entwickelt und dann von der Politik übernommen wurde. Große Kritik gab es allerdings an der vielfach nicht ausreichenden Notbetreuung von Kindern, bei denen die Eltern diese Betreuung nicht übernehmen konnten.

Angesichts deutlich sinkender Infektionszahlen war es sicher richtig, in allen Bundesländern nach den Sommerferien wieder den Versuch zu unternehmen, vollständigen Präsenzunterricht mit ganzen Klassen anzubieten. Präsenzunterricht ist besser als Hybridunterricht, dieser wiederum besser als kompletter Distanzunterricht. Im August 2020 legte die Kultusministerkonferenz (KMK) dann einen Hygienestufenplan vor, der entsprechend den Empfehlungen des Robert-Koch-Instituts eine Verschärfung von Gesundheitsschutzmaßnahmen vorsah, wenn das Infektionsgeschehen wieder deutlich ansteigt. Allerdings verzichtete man darauf, den Hygienestufenplan mit Richtwerten zu unterlegen, also ab welchem Infektionsgeschehen eine Maskenpflicht im Klassenzimmer oder ein erneuter Hybridunterricht notwendig sein sollten. Ein Stufenplan ohne Rückkoppelung an das Infektionsgeschehen vor Ort ist aber das Papier nicht wert, auf dem er steht.

Just zu dem Zeitpunkt, als dieser Hygienestufenplan hätte greifen sollen, nämlich als im Oktober und November die Inzidenzzahlen explodierten, wurde er folgerichtig von der KMK wieder einkassiert. Intern hatte man sich in den Landesregierungen wohl unter dem Druck der Wirtschaft schon lange darauf verständigt, am Präsenzunterricht auf Biegen und Brechen festzuhalten. Die Beteuerungen aller Schulministerien in den Sommerferien, man sei auf alle möglichen Szenarien, also Präsenzunterricht, Wechselbetrieb und Distanzunterricht, vorbereitet, entpuppten sich als Irreführungen und Falschaussagen, um keine härteren Worte zu gebrauchen.

An die Stelle der Hygienestufenpläne setzte die KMK die Empfehlung, nur mit Quarantänemaßnahmen auf festgestellte Infektionsfälle an

Schulen zu reagieren. Diese Abkoppelung vom Infektionsgeschehen in der Region ist aber hochproblematisch, vor allem weil inzwischen klar ist, dass Kinder und Jugendliche oft keine Symptome bei Coronainfektionen zeigen, sie aber trotzdem weitergeben können.

Dazu kam noch ein föderaler Flickenteppich, um nicht zu sagen ein Chaos, was die Durchführung der Quarantänemaßnahmen anbetraf. In einem Bundesland wurden die ganze Klasse und deren Lehrkräfte für 14 Tage in Quarantäne geschickt, wenn darin ein Infektionsfall war, in anderen nur die Schüler, in wieder anderen nur die Sitznachbarn und manchmal auch gar niemand. Daran waren zwar nicht allein die Länder schuld, sondern auch die differierende Praxis der Gesundheitsämter – es mangelte aber durchgängig an der politischen Steuerung.

Was man auch der Bildungspolitik in den meisten Bundesländern ankreiden muss: Es fehlt ein in der Praxis umsetzbares Langzeitkonzept, wie die durch Schulschließungen, Fernunterricht und Quarantänephasen entstandenen Lerndefizite wieder aufgeholt werden können.

Jede Lehrkraft, ja, auch die Schüler und Eltern spüren, dass die Hoffnung, das neue Schuljahr könne wieder normal laufen, sich nicht erfüllen wird. Großzügige Versetzungsregelungen, Abstriche bei Prüfungsanforderungen und vorübergehende Kürzungen bei den Lehrplänen, wie sie in allen Bundesländern angeordnet wurden, ändern nichts an der drohenden Gefahr, dass eine ganze Generation von Schülern mit weniger Wissen, erkennbaren Kompetenzdefiziten und damit geringeren Zukunftschancen demnächst unsere Schulen verlassen wird. Auf den Vorschlag von Lehrerverbänden, den Schülern ein freiwilliges Zusatzjahr anzubieten, hat die Bildungspolitik bislang nur sehr zurückhaltend reagiert.

Ich bin ein überzeugter Anhänger des Bildungsföderalismus, weil ich glaube, dass es besser ist, wenn die Entscheidungsträger nicht weit weg im fernen Berlin, sondern im jeweiligen Lande sitzen und so die Verhältnisse am besten justieren können. Es muss aber ausgeschlossen sein, dass der Bildungsföderalismus zum Haupthindernis wird, wenn es um ein einheit-

liches Vorgehen bei der erfolgreichen Bewältigung einer so existenziellen Ausnahmesituation
wie einer Pandemie geht.

TODSÜNDE NR. 7:

Quote statt Qualität –
Vernachlässigung des Leistungsprinzips:
Bestnoteninflation und Niveauabsenkung

Gerne lassen sich Regierungen von der Über-
legung leiten, man finde in der Bevölkerung
am meisten Unterstützung für die Schulpolitik,
wenn man es den Schülern und Eltern möglichst
leicht mache und die Standards für Abschlüsse
senke. Mögliche Misserfolgserlebnisse sollen
von vorneherein ausgeschlossen werden, etwa
durch ein Verbot des Sitzenbleibens oder eine
großzügige Vergabe von Noten, weitgehend ab-
gekoppelt von den wirklichen Leistungen.

Um Noten und die Ergebnisse von Abschlussprüfungen zu verbessern, hat die Politik zwei
Steuerungsmöglichkeiten.

1. Sie investiert in eine verbesserte Förderung
   von Kindern, setzt klare Leistungsstandards,

sorgt für eine bessere Lehrer-Schüler-Relation und erhöht die Anzahl der Unterrichtsstunden. Dieser Weg ist mühsam, kostet viel Geld, und es ist nicht sicher, ob er tatsächlich zum Erfolg führt. Zu erfolgreicher Förderung gehören ja immer zwei: derjenige, der fördert, und derjenige, der aus dieser Förderung etwas macht und seinen Teil zur Leistungsverbesserung beiträgt, eben die Schülerin, der Schüler.

2. Die Bildungspolitik hat aber in einigen, wenn nicht der Mehrzahl der Bundesländer einen anderen Weg eingeschlagen, nämlich den Weg der Erleichterung, der Absenkung von Leistungsstandards und der großzügigen Verteilung von Abschlusszertifikaten. Es ist eindeutig der sicherere, der kostengünstigere und der vielleicht bei Schülern und Eltern auch beliebtere Weg.

Wenn man etwa die Entwicklung der Abiturdurchschnittsnoten und vor allem die Zahl der Einserschnitte in den Landeszentralabiturprüfungen im Zeitraum der letzten zwanzig Jahre betrachtet, kann man sich des Eindrucks eines explosionsartigen Anstiegs der Intelligenz deutscher Abiturienten nicht erwehren.

Besonders deutlich wird dies bei der Anzahl der Abiturprüflinge mit dem Bestschnitt 1,0. Allein im Zeitraum von 2007 bis heute hat sich die Zahl dieser Spitzenabiture verdoppelt. In einigen Ländern liegen die Steigerungsraten deutlich höher, in Berlin haben sich allein in den zehn Jahren von 2007 bis 2017 die 1,0-Abiture versechsfacht, in Bayern von 2011 bis 2020 verdreifacht und selbst im als besonders leistungsorientiert geltenden Bundesland Sachsen sind die Spitzenabiture von 2019 auf 2020, also innerhalb eines Jahres um 15 Prozent gestiegen. Wenn dahinter tatsächlich eine wundersame Zunahme an Genies stecken würde, müsste sich das allerdings auch in den internationalen Schulleistungsvergleichen spiegeln. Aber weit gefehlt. Bei PISA beispielsweise ist die Gruppe der bundesdeutschen Jugendlichen, die in den drei Testbereichen die höchste Kompetenzstufe erreichen, seit Jahrzehnten auf international durchschnittlichem Niveau konstant. Die Aufwärtsentwicklung der Prüfungsnoten findet also keine Entsprechung in der Leistungsentwicklung.

Wir haben es also mit einer Noteninflation zu tun. Von einer Noten- beziehungsweise Bestnoteninflation spricht man, wenn Prüflinge für die gleiche Leistung in späteren Jahren bessere Zensuren erhalten als in früheren Jahren.

Warum Noten generell immer besser werden und die Sitzenbleiberquoten ständig sinken, hat neben dem Bestreben der Politik, sich dadurch mehr Akzeptanz zu verschaffen, auch noch andere Ursachen. Schulen mit schlechten Leistungsergebnissen und hohen Sitzenbleiberquoten müssen sich heute zunehmend gegenüber den vorgesetzten Dienstbehörden rechtfertigen. Die Vorschriften für die Erstellung von Noten werden immer schülerfreundlicher gestaltet; selbst bei Abiturprüfungen genügt heute ein geringerer Prozentsatz an erreichten Punkten zur Vergabe von (guten) Noten. In vielen Bundesländern müssen schlecht ausgefallene Tests bei der Schulleitung vorgelegt und gegebenenfalls wiederholt werden.

Die Absenkung von Prüfungsanforderungen, diese besondere Form der Erleichterungspädagogik, ist nicht allein auf die Vergabe von Abiturprüfungen beschränkt. 2016 erlangten die „Schriftlichen Prüfungsarbeiten zum mittleren Schulabschluss" im Fach Mathematik für Berlin und Brandenburg einen bemerkenswerten medialen Bekanntheitsgrad. Mathematiklehrkräfte aus diesen beiden Ländern staunten nicht schlecht, als sie die Häufung einfacher und einfachster Klausurfragen beim Öffnen der Aufgabenumschläge bemerkten. Schnell wurde klar, dass eine Vielzahl von Aufgaben dem Niveau der 7. und nicht der 10. Jahrgangsstufe entsprach. Einzelne Aufgaben hatten sogar nur Grundschulniveau, wie etwa die Frage, was die größtmögliche dreistellige Zahl sei, die man aus den Zahlen 2, 3 und 6 bilden könne. Das war aber kein Ausreißer nach unten. So konnte man als Prüfling schon dadurch punkten, dass man bei zwei vorgezeichneten Graphen erkannte, welcher steigend und welcher fallend war und indem man aus Diagrammen die angegebenen Zahlenwerte herausschrieb, frei nach dem

Motto: Wer sehen und lesen kann, ist klar im Vorteil. Die Erfolgsmeldung der Bildungspolitik folgte auf dem Fuß. Im Vergleich zum Vorjahr 2015 halbierte sich prompt die Anzahl der Fünfen und Sechsen. Auch die Anzahl der Schülerinnen und Schüler, die in der Folge Berliner Schulen ohne Abschluss verließ, konnte drastisch gesenkt werden.

Eine wundersame pure Erfolgsgeschichte! Die zuständige Bildungssenatorin verteidigte übrigens die Verwendung von Aufgabenformaten auf Grundschulniveau mit dem Argument, dadurch könnten „Denkblockaden" bei den Jugendlichen verhindert werden.

Warum aber ist eine Bildungspolitik verwerflich, die Kindern vermehrt gute und beste Noten beschert? Ist das nicht auch nicht auch von einem christlichen Standpunkt aus begrüßenswert, Eltern und Kindern Freude zu schenken?

Eine solche Vernachlässigung des Leistungsprinzips kennt nur Verlierer und muss unbedingt zu den bildungspolitischen Todsünden gerechnet werden.

1. In einem solchen System, in einer solchen Flut von Bestbewertungen sind die echten guten Leistungen, die wirklich leistungsbereiten und leistungsfähigen Schülerinnen und Schüler nicht mehr erkennbar. Ihr Engagement wird nicht belohnt.

2. Wer sich nicht anstrengen muss, wer auch nicht gelernt hat, mit Misserfolgserlebnissen wie einer schlechten Note klar zu kommen, wird es später im Leben schwerer haben, sich durchzusetzen und Leistungen auch unter Druck zu erbringen.

3. Abschlüsse, die nicht auf selbst erarbeiteten Leistungen beruhen, verlieren ihren Wert, sie werden buchstäblich entwertet. Geschenkte Abschlüsse haben für die Absolventen keinen Wert.

4. Und auf das Studium bezogen: Wenn das Abitur zwar noch die Studienberechtigung verleiht, dahinter aber keine Studienbefähigung mehr steht, werden die Studienabbruchs-

quoten weiter nach oben gehen. Die Noteninflation und die Geringschätzung von Leistung produzierten notwendig Frustrationen
und Enttäuschungen.

TODSÜNDE NR. 8:

Totalversagen bei der Lehrerversorgung
und kein Konzept gegen massiven
Unterrichtsausfall

Dreh- und Angelpunkt erfolgreicher Arbeit an unseren Bildungseinrichtungen ist der Unterricht. Hier liegt der Kernauftrag von Schule. Von der Frage, ob, in welchem Umfang und in welcher Qualität Unterricht sichergestellt werden kann, hängen unmittelbar die Bildungs- und Lebenschancen junger Menschen in Deutschland ab. Also muss es eine der dringlichsten Ziele guter Schulpolitik sein, Schulen ausreichend mit bestausgebildeten Lehrkräften zu versorgen. Dass dies bis heute keiner Landesregierung auch nur annähernd gelungen ist, muss als eine weitere Todsünde der Bildungspolitik bezeichnet werden.

In allen Umfragen, welche Probleme an unseren Schulen der Bevölkerung bzw. vornehmlich den Eltern am meisten unter den Nägeln brennen, werden seit Jahren schon Unterrichtsausfall und Lehrermangel an erster Stelle genannt. Es gibt aber auch immer wieder Phasen der Lehrerarbeitslosigkeit, in denen Zehntausende von Lehrkräften trotz bester Ausbildung keine Stellen im staatlichen Schuldienst finden. Diese Phasen laufen in allen Bundesländern und in den verschiedenen Schularten nicht immer parallel ab.

Kennzeichnend für den Lehrerarbeitsmarkt ist der ständige Wechsel von Zeiten der Unterversorgung und des Überangebots. Dieses Wechselbad wird auch „Schweinezyklus" genannt, weil ähnliche Phänomene auch in der Lebensmittelindustrie zu beobachten sind. Verstärkt wird dieser Schweinezyklus durch psychologische Faktoren. In Zeiten des Lehrermangels wenden sich gleichzeitig viele Studienanfänger dem Lehramtsstudium zu und finden sich dann nach sieben oder acht Jahren Lehrerausbildung in einer Überangebotssituation wieder, umgekehrt wenden sich viele Abiturienten in einer Phase stärkerer Lehrerarbeitslosigkeit von diesem Berufswunsch ab, sodass wiederum sieben oder acht Jahre später wieder ein großer Mangel entsteht. Diese Faktoren sind bekannt. Trotzdem leiden unsere Schulen seit der Nachkriegszeit unter dem mangelnden Vermögen der Politik, für eine einigermaßen konstante, verlässliche Versorgung unserer Schulen mit für diese Aufgabe spezifisch ausgebildeten Lehrkräften zu sorgen.

Derzeit stellt der Lehrermangel in Deutschland, vorrangig an Grundschulen, die größte Bedrohung für die Bildungsqualität in Deutschland dar. Wenn in Berlin fast zwei Drittel der neu eingestellten Lehrkräfte an Grundschulen im Schuljahr 2019/20 keinerlei pädagogische Vorbildung aufweisen und nicht selten bereits nach Absolvierung eines einwöchigen Crashkurses eigenständig Klassen unterrichten sollen, dann gefährdet das die Zukunftschancen und den Lernerfolg der betroffenen Kinder in höchstem Maße. Natürlich gibt es viel Idealismus bei diesen sogenannten Quereinsteigern, aber eine fehlende Lehrerausbildung hat direkte Rückwirkungen auf den Lernerfolg von Schülern, wie zahlreiche Studien zeigen. Neben hausgemachten Fehlern wie etwa dem Abbau von Lehramtsstudienplätzen und der Unterschätzung des Geburtenanstiegs gibt es zugegebenermaßen auch Ursachen des Lehrermangels, die nicht in der Verantwortung der Politik liegen, z. B. der große Zustrom von Flüchtlingskindern in den Jahren 2015 und 2016. Es war außerdem geradezu paradox, dass während des schon deutlich spürbaren Lehrermangels viele lehrerbildende Universitäten Lehramtsstudienbewerber abweisen mussten, weil sie die geforderten sehr guten Abischnitte für die Zulassung zu den begrenzten Studienplätzen nicht erfüllten.

Neben dem massenhaften Einsatz von Quereinsteigern ohne eine auch nur annähernd ausreichende pädagogische Nachqualifikation stellt der massive Unterrichtsausfall eine weitere schwere Belastung für die Qualität und den Erfolg unserer Schulen dar. Obwohl die Landesregierungen in allen Bundesländern jahraus jahrein die Verringerung und den Abbau des massiven Unterrichtsausfalls versprechen, müssen derzeit – und das war schon vor Corona so

– Eltern, Lehrkräfte, Schulleitungen und Schüler tagtäglich feststellen, dass das Problem eher größer denn kleiner wird. Allerdings sind die Bildungsverwaltungen recht findig darin, den Unterrichtsaufall in Statistiken kleinzurechnen und schönzufärben. Die Öffentlichkeit wird häufig nur über den Anteil der Stunden informiert, der ersatzlos ausfällt. Alle Stunden, die vertreten werden, fallen dann unter den Tisch, obwohl dort oft kein stundenplangemäßer Unterricht stattfindet, weil etwa keine entsprechende Fachlehrkraft zur Verfügung steht. Nicht erfasst von den schönen Ausfallstatistiken der Länder werden auch die bereits in den Stundenplan wegen Lehrermangels eingearbeiteten und vorgeplanten Stundenkürzungen, denn was nicht auf dem Stundenplan steht, kann nicht als Kürzung gerechnet werden. Nach Schätzungen des Deutschen Philologenverbands werden an deutschen Schulen bis zu zehn Prozent des Fachunterrichts nicht nach Stundenplan gehalten. Das deckt sich mit einer Befragung der Wochenzeitung „DIE ZEIT" von 3000 Lehrkräften, Schülern und Eltern im Jahre 2017. Eine

„Addition des Grauens" nannte das zuständige Redaktionsteam die entsprechende statistische Auswertung. Umgerechnet auf die durchschnittliche Schulbesuchsdauer bedeutet das den Verlust von mehr als rund einem Schuljahr durch Unterrichtsausfall. Damit darf sich die Schulpolitik nicht dauerhaft abfinden!

Umso dringlicher wäre es deshalb, ein Konzept zu entwickeln, um dieses ständige Wechselbad zwischen Lehrermangel und Lehrerarbeitslosigkeit zu beenden. Dabei warne ich vor der Vorstellung, das Problem sei allein durch eine verbesserte, nach Fächern und Schularten differenzierte langfristige Personalplanung und Bedarfsrechnung der Schulministerien in den Griff zu kriegen. So einfach liegen die Dinge leider nicht. Erstens können noch so gute Personalplanungen nicht sicherstellen, dass sich auch genügend Lehramtsbewerber finden. Es gibt weitere Unsicherheitsfaktoren. In wirtschaftlich prosperierenden Zeiten wandern viele Lehramtsstudenten in andere Studiengänge ab, da in der freien Wirtschaft die Aufstiegschancen und Verdienstmöglichkeiten besser sind, in Zeiten der Wirtschaftskrise gibt es eine umgekehrte Bewegung hin zu den scheinbar sicheren Berufsperspektiven als Lehrkraft beim Staat. Wenn die Landesregierungen das Problem der unsicheren Lehrerversorgung in den Griff bekommen wollen, müssen sie ein Modell entwickeln, das in der Lage ist, einen Ausgleich zwischen den Über- und Unterangebotsphasen zu schaffen. Irrig ist die Hoffnung, bei einem Lehrermangel könne man wieder auf die Lehramtsbewerber zurückgreifen, die vielleicht vor zehn Jahren keine Anstellung gefunden haben. Arbeitssuchende junge Lehrkräfte kann man aber nicht im Gefrierschrank lagern und bei Bedarf wieder auftauen und einsetzen. Unsere Erfahrungen zeigen, dass gerade die gutqualifizierten jungen Lehrer, die keine Arbeitsstelle im Schuldienst finden, ganz schnell Erfolg in alternativen Arbeitsmärkten haben und dort auch Karriere machen. Die denken gar nicht daran, dort auszuscheiden, wenn der Staat nach einem Jahrzehnt nach ihnen ruft, nachdem er sie zuvor in die Wüste geschickt hat

Der Deutsche Lehrerverband schlägt deshalb seit Jahren schon einen Pakt für Lehrerversorgung vor: In Jahren des Lehrerüberangebots an einzelnen Schularten stellt der Staat über Bedarf ein, um dann in Zeiten des anschließenden Mangels auf diese Reserven zurückgreifen zu können. Leider ist dieser Konzeptvorschlag bislang von keiner Landesregierung aufgegriffen worden. Eine solche Einstellung über Bedarf bedeutet natürlich nicht, dass dann diese zusätzlich eingestellten Junglehrer nichts zu tun haben. Sie werden dringend gebraucht für individuelle Zusatzförderung, die Doppelbesetzung von Lehrkräften in Inklusionsklassen, eine ausreichende Unterrichtsreserve sowie eine Verkleinerung von Lerngruppen. Umgekehrt müssen Eltern- und Lehrerverbände sowie die politische Opposition auch bereit sein, zu akzeptieren, dass dieses personelle und pädagogische Plus in Zeiten des Lehrermangels wieder vorübergehend abgebaut wird, um die Unterrichtsgrundversorgung zu sichern.

TODSÜNDE NR. 9:

Vernachlässigung der beruflichen Bildung:
Mit dem Abitur als Königsweg auf dem
Weg zur Akademikergesellschaft?

Einer der bislang größten Vorzüge des deutschen
Bildungswesens im internationalen Vergleich ist
die äußerst geringe Jugendarbeitslosigkeit in
Deutschland. Der Übergang vom Bildungswesen in den Beruf klappt in kaum einem anderen
Land der Welt so gut wie in Deutschland. Waren
2019 hierzulande 4,5 Prozent der Jugendlichen
zwischen 15 und 24 von Arbeitslosigkeit betroffen, so waren dies im weltweiten Maßstab mehr
als dreimal so viele. Die Perspektiven für junge
Menschen mit einem beruflichen Abschluss sind
hierzulande besser als in jedem anderen Land.
Das liegt in erster Linie an der in Deutschland
sehr gut ausgebauten dualen Berufsausbildung.
Zu diesem Schluss kommt aktuell auch der Be-
richt „Education at a Glance" 2020 (EAG), der

jährlich von der OECD herausgegeben wird. Das war nicht immer so, noch vor wenigen Jahren nahm die OECD in ihrer Fixierung auf immer höhere Studierendenquoten die Qualität der beruflichen Bildung in Deutschland kaum wahr. Kein geringerer als der damalige US-Präsident Barack Obama hat in seiner Rede zur Lage der Nation am 12. Februar 2013 das deutsche Berufsbildungswesen ausdrücklich als vorbildhaft gelobt: „So those German kids, they're ready for a job when they graduate high school. They've been trained for the jobs that are there."

Es gehört zu den Todsünden deutscher Bildungspolitik in zahlreichen Bundesländern, dass sie sich seit rund zwanzig Jahren nicht mehr von der Gleichwertigkeit beruflicher und allgemeiner Bildung leiten lässt, sondern den Bildungserfolg von Kindern fast einzig daran festmacht, dass ein möglichst hoher Prozentsatz das Abitur und damit die Hochschulzugangsberechtigung erreicht.

Ausgerechnet zu einem Zeitpunkt, da der Staatschef der bedeutendsten Volkswirtschaft der Welt die großen Vorzüge der dualen Ausbildung in Erinnerung rief, gab sich Deutschland unter dem Einfluss der OECD alle Mühe, die berufliche Bildung nachhaltig zu schwächen und gegenüber der akademischen zurückzudrängen. Ein Grund dafür könnte sein, dass die Bildungspolitik heute in Deutschland in den Händen von Personen liegt, die in aller Regel selbst über den akademischen Weg gekommen sind und keinerlei eigene Erfahrungen mit dem deutschen Berufsbildungssystem haben. Obwohl deutsche Techniker und Facharbeiter den Bachelorabsolventen in vielen Ländern fachlich überlegen sind, sollen sie nach dem Verständnis diverser Bildungspolitiker in die Akademisierung gedrängt werden.

Während Obama sich in der damaligen US-Wirtschaftskrise vom deutschen Berufsbildungssystem Hilfe versprach, schlagen wir den genau umgekehrten Weg ein. Es ist einer der größten Fehler der deutschen Bildungspolitik, sich mit der Fixierung auf Akademikerquoten und der Orientierung am angelsächsischen Raum der „College for all"-Zielvorgabe verschrieben zu haben. Unsere Universitäten und Fachhochschulen versuchen derzeit die Quadratur des Kreises, einerseits das Festhalten an der wissenschaftlichen Fundierung ihrer Studiengänge und andererseits in vielen Studiengängen die Verberuflichung von Studieninhalten. So droht ein doppelter Niveauverlust. Weder kann auf diese Weise unter dem Ansturm massiv erhöhter Studentenzahlen die bisherige Qualität gehalten werden, noch kann so die Hochschule echte Berufsqualifizierung erzeugen. Frustriert vom Studium werden sowohl diejenigen sein, die an Wissenschaft und Forschung interessiert sind, wie auch jene, die den direkten Anschluss in Berufsfelder suchen.

Völlig an den Haaren herbeigezogen ist der im Hintergrund dieser Akademisierungspolitik stehende Vorwurf, die berufliche Bildung hinke der modernen Wissensgesellschaft qualitativ hoffnungslos hinterher. Gerade die berufliche Bildung hat sich in den letzten Jahren und Jahrzehnten bei den Inhalten und auch methodisch weitaus dynamischer fortentwickelt als andere Bildungsbereiche einschließlich der Hochschulen. Welche Auswirkungen eine ungehemmte Akademisierung auf die Berufsbildung hat, kann man angesichts des massiven Facharbeitermangels und der praktischen Unmöglichkeit, in manchen deutschen Großstädten noch Handwerker aufzutreiben, schon erahnen bzw. konkret spüren. Zum einen wird die Passung zwischen Bildungs- und Beschäftigungssystem deutlich erschwert. Denn wenn es auch umstritten ist, wie groß der Akademikermangel tatsächlich ist, so bleibt doch unbestritten, dass es einen zunehmenden Mangel an hoch qualifizierten nichtakademischen Fachkräften gibt. Stellt man in Rechnung, dass der Anteil der tertiären Bildungsabschlüsse den Anteil der Beschäftigungsverhältnisse mit hohen Anforderungen übersteigt, dann sind massive Verdrängungsprozesse zugunsten von Absolventen mit höheren Abschlüssen vorprogrammiert. Mit Sicherheit wird also die Zunahme von Hochschulabsolventen auch Konsequenzen für die Rekrutierung und die Karrierewege in den Betrieben und Unternehmen haben. Schon jetzt besetzen Unternehmen zunehmend mittlere, ausführende und auch nachrangige Positionen mit akademisch ausgebildeten Arbeitskräften. Die Folgeprobleme einer Akademisierung der Berufsausbildung zeigen sich bereits. Dazu zählen die zunehmende Polarisierung innerhalb von Berufen in Akademiker und Nichtakademiker, Dequalifizierungsprozesse im bisherigen Berufsbildungssystem, die Versperrung bisher möglicher Aufstiegswege für Nichtakademiker, das Ausweichen von Arbeitsgebern auf Hilfskräftesysteme, z. B. in Pflegeberufen und bei der Kindererziehung, sowie eine generelle Abnahme der beruflichen Fachkompetenzen.

Ein Motiv, die Zahl der Hochschulzugangsberechtigungen massiv zu erhöhen, war immer auch das Bestreben, dadurch für mehr Bildungsgerechtigkeit zu sorgen. Wenn die Mehrheit oder fast alle den gleichen hohen Abschluss haben, dann – so erhoffen es sich vor allem Vertreter einer egalitär-sozialistischen Bildungspolitik – ist die Entkoppelung von sozialer Herkunft und Bildungserfolg gelungen.

Real ist aber eher das Gegenteil der Fall. Wenn jeder das Abitur hat, hat es keiner mehr. Anders gesagt: Eine Inflationierung von Abschlüssen bewirkt notwendig deren massive Entwertung.

Im Schulbereich spiegelt sich die Abwertung der beruflichen Bildung in der Abschaffung von Hauptschulen, aber auch von eigenständigen Realschulen sowie die schrittweise Etablierung eines zweigliedrigen Schulsystems in vielen Bundesländern, bei dem in der zweiten Säule neben dem Gymnasium das bisher an Haupt- und Realschulen vertretene berufsorientierte und berufsvorbereitende Profil massiv geschwächt wird. Als Maßstab für den Erfolg dieser neuen Verbundschularten, heißen sie nun Werkrealschule, Realschule plus bzw. Regel- oder Oberschule, gilt neuerdings die Quote der Schülerinnen und Schüler, die das Abitur erreicht. Das Abitur soll als Königsweg für alle in eine Akademikergesellschaft führen.

Die vollständige Abschaffung der Hauptschule als eigenständigen Bildungsgang – damit meine ich nicht die Umbenennung und Fortentwicklung der Hauptschule, wie Bayern es erfolgreich vorgemacht hat – war ein schwerer Fehler, weil sie für eine ganz bestimmte Schülerklientel ein den Übergang in den Beruf ermöglichendes praxisnahes Bildungsangebot zerstört hat, ohne dabei ein alternatives Angebot aufzubauen. Das Grundproblem der Hauptschule in Deutschland war weder pädagogisches oder inhaltliches Versagen noch die zunehmende Abwendung der Eltern in einigen Bundesländern. Das Letztere war eine Folge, nicht die Ursache. Die Hauptschule wurde in den letzten 30 Jahren systematisch kaputtgeredet und zwar vor allem von den Bildungspolitikern und Interessengruppen, die in einer Abschaffung der Hauptschule eine Zwischenetappe auf dem Weg zur Einheitsschule sahen und sehen. Viele Bildungsstudien haben gezeigt, dass die pädagogischen und berufsvorbereitenden Leistungen der Hauptschule nicht unterschätzt werden dürfen.

Die naive Erwartung einiger Bildungspolitiker, durch die Abschaffung der Hauptschule würden auch die negativen Schlagzeilen über Gewalt, Antisemitismus, Integrationskonflikte und Schulabsentismus verblassen, hat sich natürlich nicht erfüllt. Heute reden wir von Brennpunktschulen, wo sich die Probleme oft noch stärker ballen als früher an den Hauptschulen. Es war auch eine Illusion zu glauben, der potenzielle Hauptschüler werde mit der Hauptschule mitverschwinden. Wir brauchen ein spezifisches Schulangebot für diese Schülergruppe. Jetzt plötzlich den mittleren Abschluss für alle ehemaligen Hauptschüler anzustreben ist mit Sicherheit nicht die Lösung. Entweder nivelliert man diesen Abschluss auch nach unten, wie etwa in Berlin, auf dass ihn auch alle ehemaligen Hauptschüler schaffen, oder man hält das Niveau, muss aber dann viele Schulabgänger ohne Abschluss aus der Schule entlassen.

2019 gibt es in Deutschland 2,9 Millionen Studierende und nur 1,33 Millionen Auszubildende. Das ist weniger als die Hälfte. Die Zahl der Studienanfänger hat unlängst mit deutlich mehr als 500 000 erstmals die Zahl der neu abgeschlossenen Ausbildungsverträge übertroffen.

Wenn die Bildungspolitik weiter auf eine Erhöhung der Hochschulzugangsquoten um jeden Preis setzt, werden sich folgende Negativwirkungen verstärken:

Ein immer größerer Prozentsatz von Hochschulabsolventen wird jedes Jahr auf den Arbeitsmarkt strömen, von denen jenseits der bekannten Mangelfächer viele mit einer geringerwertigen Beschäftigung, als es ihrem Abschluss entspricht, vorliebnehmen müssen. Das hochgelobte und in aller Welt als vorbildhaft empfundene duale berufliche Ausbildungssystem könnte wegen massiven Nachwuchsmangels vor einer ungewissen Zukunft stehen. Auf dem Arbeitsmarkt finden dramatische Verdrängungsprozesse zu Lasten von Personen ohne akademische Ausbildung statt. Die in Deutschland bisher gute Passung zwischen Ausbildungs- und Beschäftigungssystem mit einer der weltweit niedrigsten Jugendarbeitslosigkeit-Quoten droht verloren zu gehen. Immer mehr Studienanfänger werden den Anforderungen eines Fachstudiums nicht mehr gewachsen sein. Das Abitur ist bald kein Wettbewerbsvorteil mehr, es dient allenfalls noch als eine notwendige Voraussetzung für den weiteren Bildungsweg in Richtung Hochschule.

Die durchschnittliche Akademikerarbeitslosigkeit wird sich schrittweise der durchschnittlichen allgemeinen Arbeitslosenquote annähern, während sich das Gymnasium, das den bei weitem größten Anteil eines Schülerjahrgangs aufnehmen muss, zur neuen Gesamt- oder Haupt-schule entwickelt. Es ist höchste Zeit, dass die Abwertung der beruflichen Bildung in Deutsch-land gestoppt wird.

TODSÜNDE NR. 10:

Fehlende Einbeziehung und Partizipation der Betroffenen

Plant ein großer Autokonzern eine neue Modellreihe, dann wird diese Herausforderung detailliert und in großem Maßstab vorbereitet. Zunächst sind die Ingenieure und Forschungsabteilungen dran, es gibt honorierte Ideenwettbewerbe, dann absolvieren Testfahrzeuge Millionen von Kilometern, um Schwachstellen aufzudecken. Schließlich gibt es ein flächendeckendes Fortbildungsangebot, mit dem die Beschäftigten für das neue Produkt qualifiziert und auch für die dahinterstehende Firmenphilosophie sensibilisiert und motiviert werden.

Dahinter steckt die Erkenntnis, dass sich Erfolg häufig nur dann einstellt, wenn er von allen getragen wird.

In der Bildungspolitik findet sich davon keine Spur. Es ist nicht die Ausnahme, sondern die sündhafte Regel, dass Reformen, Maßnahmen, Beschlüsse, Entscheidungen ohne Einbeziehung der Betroffenen getroffen werden. Dabei weiß eigentlich jeder: Wer erfolgreich Politik, zumal Schulpolitik, betreiben will, muss alle Betroffenen und Akteure, die Lehrer, Schüler und Eltern mitnehmen und für seine Ziele gewinnen.

Ein Musterbeispiel dafür, wie man eine Reform an die Wand fahren kann, liefert hier ausnahmsweise mal mein eigenes Bundesland Bayern, das ansonsten in diesem Todsünden-Register eher weniger vertreten ist. Als die bayerische Staatsregierung 2003 plötzlich umfiel und auch das G8 mit Hochgeschwindigkeit einführen wollte, wurden sämtliche Versuche der Verbände, darüber zu verhandeln und zu debattieren, strikt zurückgewiesen. Kolportiert wird der Satz des damaligen CSU-Finanzministers Erwin Huber: „Wer den Teich trockenlegen will, darf nicht die Frösche fragen!" Der Teich, damit war damals das Gymnasium gemeint, die Frösche waren wohl die Lehrkräfte, vielleicht auch die Eltern und Schüler. Die gescheiterte Einführung des G8 in den alten Bundesländern ist somit eben auch ein besonders eindrückliches Exempel dafür, wie Politik eine Reform verpatzt, wenn man weder die Betroffenen noch die Experten und Profis miteinbezieht und hört.

Zur Wahrheit gehört allerdings auch, dass diese Entscheidung nicht von Bildungspolitikern getroffen wurde, sondern von einer Allianz aus Ministerpräsidenten. Die Kultusministerkonferenz (KMK) wurde dabei völlig übergegangen, ihr ging es letztendlich nicht anders als der gesamten Schulfamilie.

Zaghafte Versuche, Bildungspolitik und geplante Reformen auf eine breitere Basis zu stellen, hat es in den letzten Jahren durchaus gegeben, in Nordrhein-Westfalen, aber auch in Hessen oder in Hamburg nach der gescheiterten Primarschulreform. Allerdings trafen diese Versuche auch auf ein verbreitetes Misstrauen, ob es die Politik nach all den ideologischen Schulkämpfen ehrlich meine oder das Ganze nur ein PR-Trick von Landesregierungen zur Verhinderung von Protesten sei.

In der Coronakrise wiederum fehlte es beim Regierungshandeln in der Bildungspolitik abgesehen von wenigen positiven Ausnahmen an allem:

- keine Diskussionen mit Schülern-, Eltern- und Lehrerverbänden über Konzepte zur Schulöffnung

- Ablehnung der Forderungen nach regelmäßigem Austausch auf Schulgipfeln

- Weitreichende Entscheidungen wie die Außerkraftsetzung der Hygienestufenpläne ohne Rückkoppelung mit den zu schützenden Personengruppen

- Monatelang Weigerung, durch Veröffentlichung von Infektionsfällen und Quarantänezahlen für die notwendige Transparenz zu sorgen.

Man kann sich des Eindrucks nicht erwehren, dass offene Diskussion und lebendige Partizipation von vielen Landesregierungen und Schulministerien nicht gewünscht werden. Ein Beweis dafür ist auch die Tatsache, dass es bis zum Ende des Jahres 2020 noch nicht gelungen ist, den seit langer Zeit angekündigten Expertenbeirat ein-

zusetzen, geschweige denn in diesen Expertenbeirat auch Vertreter von Eltern-, Schüler- und
Lehrerverbänden einzuladen.

Ein Beobachter hat die KMK einmal ein au-
tistisches Gremium genannt, das mehr mit sich
als mit Problemlösungen befasst sei. Aber auch
jenseits dieser Kritik: Ein wirksames Krisenmanagement war und ist während der Coronakrise
weit und breit nicht zu entdecken gewesen.

AUSBLICK:

10 Ratschläge für eine bessere Bildungspolitik

Ein befreundeter Philologe hat einmal die bundesdeutsche Bildungspolitik als Friedhof gescheiterter Reformen, beerdigter Ideen und zerplatzter Visionen bezeichnet. Das Fatale daran sei, dass es sich dabei um einen Friedhof handele, auf dem ständig Wiederauferstehung gefeiert werde. Keine gescheiterte Reform, die nicht Jahre oder Jahrzehnte später wieder ausgegraben werden könne, keine noch so verstaubte alte Mottenkiste, die nicht doch demnächst wieder geöffnet würde.

Nach der Aufzählung so vieler Sündenfälle der deutschen Bildungspolitik könnte sich jetzt am Schluss vielleicht so etwas wie eine deprimierte Grundstimmung breitmachen. Das war und ist aber nicht meine Absicht. Erstens gibt es in nicht wenigen Bundesländern Anzeichen dafür, dass man die ärgsten Todsünden nicht wiederholen will. Zweitens bin ich als Pädagoge quasi von Berufs wegen Optimist und habe die Hoffnung auf eine bessere Schulpolitik nicht aufgegeben.

Deshalb ganz kurzgefasst nach den 10 Todsünden die 10 Ratschläge für eine bessere Bildungspolitik:

1. Der Lernerfolg der Schülerinnen und Schüler ist das Hauptziel guter Schulen, das ist ihr Kernauftrag. Schluss mit der Überlastung der Schule mit immer neuen Aufgaben, die sie gar nicht leisten kann und die sie an ihrer eigentlichen Kernaufgabe hindern.

2. Keine Instrumentalisierung der Schule für Gesellschaftspolitik. Ideologie hat in der Politik nichts zu suchen, in der Bildungspolitik gleich zweimal nicht.

3. Schulreformen dürfen nur durchgeführt werden, wenn es wissenschaftlich belastbare Anhaltspunkte dafür gibt, dass sie gegenüber

dem Status quo eine Verbesserung darstellen. Die Beweislast liegt bei dem, der verändern will. Kein Missbrauch von Kindern als Versuchskaninchen.

4. Bildung zielt auf den ganzen Menschen, auf die Förderung und Entdeckung der individuellen Anlagen, Fähigkeiten und Interessen junger Menschen, die Schule ist kein Subsystem der Wirtschaft oder der Sozialpolitik, es geht weder um ökonomische Verwertbarkeit noch um bloße Kinderaufbewahrung!

5. In einem bildungsföderalen System ist Vergleichbarkeit von Leistungen und Abschlüssen unabdingbar. Ansonsten entsteht Bildungsungerechtigkeit. Deshalb brauchen wir einen Bildungsstaatsvertrag, der durch die Länderparlamente legitimiert ist und Mobilität und Vergleichbarkeit sicherstellt.

6. In Krisensituationen wie in der Corona-Pandemie benötigt die Bildungspolitik in Deutschland schnelle und effektive Entschei-

dungsstrukturen. Die derzeitige Form der Kultusministerkonferenz taugt dafür nicht.

7. Eine gute Bildungspolitik ist eine leistungsorientierte Schul- und Hochschulpolitik. Erfolgreicher sozialer Aufstieg funktioniert nur über Leistung. Noteninflation und Quotenorientierung schaden jedem einzelnen und der Gesellschaft insgesamt!

8. Ohne eine ausreichende Lehrerversorgung mit gut ausgebildeten Lehrkräften gibt es keine gute Schule. Die Bildungspolitik in Deutschland muss alles tun, um eine verlässliche konstante Lehrerversorgung zu gewährleisten.

9. Gute Bildungspolitik muss die Gleichberechtigung von beruflicher sowie allgemeiner und akademischer Bildung nicht nur in Sonntagsreden, sondern auch im konkreten politischen Handeln verstärkt anstreben. Die duale Berufsbildung ist zu stärken.

10. Gute Bildungspolitik braucht mehr Transparenz, mehr Partizipation, eine stärkere Einbeziehung aller relevanten Kräfte und mehr Konsens. Wir bräuchten einen echten Schulfrieden!

Abschließend noch ein paar Anmerkungen zu der auch in der deutschen Schulpolitik verbreiteten Neigung, bei der Verbesserung unserer Schulen und Hochschulen nach Patentrezepten im Ausland zu suchen. Nach den ersten PISA-Studien ab dem Jahr 2001 wallfahrteten ja viele Journalisten, Bildungspolitiker und echte oder selbst ernannte Bildungsexperten nach Finnland, dem damaligen PISA-Sieger, um sich die finnischen Erfolgsgeheimnisse anzuschauen. Gesamtschulfans fühlten sich ermuntert, die längere gemeinsame Schulzeit nach finnischem Vorbild zu fordern, wobei sie ganz vergaßen, dass nicht nur der PISA-Spitzenreiter Finnland, sondern auch die 5 Tabellenletzten beim PISA-Ranking Gesamtschulsysteme besaßen. Bei den letzten PISA-Studien waren dann nicht mehr die Skandinavier, sondern ostasiatische Länder wie Korea, China und Singapur mit ihren auf Drill beruhenden Schulsystemen ganz vorne. Da blieben interessanterweise in Deutschland dann aber die Wallfahrten aus.

Vor einigen Jahren hat die UNICEF eine Studie mit dem Titel „A comprehensive assessment of the lives and wellbeing of children and adolescents in advanced nations" veröffentlicht, die mich dann zu einigen glossenhaften Anmerkungen animierte.

Anhand von 40 Indikatoren haben die UNICEF-Forscher die Lebensbedingungen und Einstellungen von Jugendlichen aus 21 Industrieländern erfasst. Indikatoren waren zum Beispiel die Prozentzahl der Kinder, die in einer Familie mit nur einem Elternteil aufwachsen, der Prozentsatz der in einem Monat mehrfach betrunkenen Kinder, der jeweilige Anteil von übergewichtigen Jugendlichen und die Quote der Kinder, die angeben, mit ihrem Leben zufrieden zu sein. Eine Analyse der Ergebnisse bei finnischen Kindern – nach dem Motto, was könnten wir uns von den Siegern abschauen, förderte Erstaunliches zutage.

Von den finnischen Kindern lebt eine besonders hohe Anzahl im internationalen Vergleich nur mit einem Elternteil oder in einer Patchworkfamilie. Außerdem essen finnische Schüler mit großem Abstand im Vergleich aller erfassten Nationalgruppen am seltensten mit ihren Eltern. Apropos Essen: Finnische Schüler essen im internationalen Vergleich am wenigstens Obst, nur etwa zwanzig Prozent greifen täglich zu einem Apfel oder einer anderen Frucht. Doch es kommt noch härter: Finnische Kinder rauchen besonders viel und sie sind im Vergleich zu anderen Ländern überdurchschnittlich oft betrunken. Allerdings ist Haschkonsum nur unterdurchschnittlich verbreitet. Finnische Jugendliche haben im PISA-Alter von 15 Jahren in dieser Untersuchung besonders häufig Sex, nur schwedische Jugendliche sind da noch aktiver. Doch damit nicht genug: Gemäß dem UNICEF-Report gibt es unter den Nationen kein anderes Land, in dem Kinder weniger gerne zur Schule gehen als in Finnland.

Wenn man nun der Logik der Gesamtschulbefürworter folgt, kennen wir also die Erfolgsgeheimnisse finnischer Schüler jetzt noch besser. Deutschen Eltern, die ihre Kinder auf die finnische Erfolgsspur setzen wollen, kann man nur raten:

Lasst euch scheiden, sorgt dafür, dass eure Kinder außer Haus essen, ermuntert sie zu ungesunder Ernährung, erlaubt ihnen frühen Sex, das Rauchen und Alkohol, verbietet ihnen aber den Haschkonsum und ermuntert die Lehrkräfte, die Kinder so zu behandeln, dass sie nur äußerst widerwillig zur Schule gehen! Dann müssten auch deutsche Kinder bei PISA endlich ganz nach vorne kommen.

Ich ziehe aber daraus ein anderes Fazit:

Könnte es nicht sein, dass die Suche nach Patentrezepten im Ausland und vorschnelle Schlussfolgerungen aus Vergleichsstudien äußerst fragwürdig sind? Es führt meist nicht zum Erfolg, Versatzstücke aus anderen Schulsystemen bei uns importieren zu wollen. Die Bildungspolitik in Deutschland ist gut beraten, aus den eigenen Fehlern zu lernen und nicht die Fehler anderer zu wiederholen.

ISBN 978-3-532-62864-5